松戸の江戸時代を知る ②

城跡の村の江戸時代

― 大谷口村大熊家文書から読み解く ―

渡辺尚志 著

たけしま出版

目　次

はじめに

・江戸時代の村と百姓を知る意義とは？

本書では、江戸時代の村において、人々がどのような生活を営んでいたかということについて、下総国葛飾郡大谷口村（現千葉県松戸市）という一つの村を取り上げて具体的に述べていきます。同村の旧家・大熊家に伝わった多数の古文書からは、たいへん多くの情報を読み取ることができるのです。本書は、大熊家文書に全面的に依拠して書いたものです（大熊家文書は現在、松戸市立博物館に所蔵されており、『松戸市史　史料編（一）』に多数の文書が収録されています）。

江戸時代の人口の八割前後は、村に住む百姓身分の人々で占められていましたから、彼ら・彼女らの生活実態を知ることなしには、江戸時代を理解することはできません。

また、江戸時代の村を知ることは、現在のわれわれの暮らしとも関わりをもっています。今日でも、農村部では日々の生活と生産活動のなかに江戸時代以来の伝統や慣行が息づいていることが少なくありません。都市部に住む人々にあっても、「個人の意見を強く主張するよりも、自分の属する集団の和を重視する」といった、日々の何気ない思考・行動パターンのなかに、村人同士の和を重んじた江戸時代の村人たちの心性と共通する部分を発見することができるのではないでしょうか。

とはいえ、高度に工業化・情報化された今日の社会と、江戸時代の村とでは、あらゆる面で格段の差があることも明らかです。社会が物質面を中心に大きく成長している反面で、江戸時代の社会がもっていた、人々が快適に暮らすためのさまざまな仕組みや工夫が失われていったという側面も否定できません。現代社会が、江戸時代の村から学ぶべき点もまた多いのです。

江戸時代といえば、将軍や大名、芸術家などの著名人が取り上げられることがほとんどですが、時代を動かしていた真の主人公は百姓たちでした。武士たちは政治と軍事を独占していましたが、彼らが行なう政治は百姓たちの意向・動向に配慮しなければ十分な成果を上げることはできませんでした。一人一人の百姓は無名でも、人口の八割を占める百姓たちの動向は政治に決定的な意味をもちます。武士たちは百姓たちの世論を気にせざるを得ず、また気にすることによって安定的な統治を実現できたのです。

このように言うと、今日のように世論調査や選挙制度のない江戸時代にどうやって民意が領主に届いたのかと思われるかもしれません。しかし、江戸時代の百姓たちは、要求や不満があれば、武士に対して遠慮なく声をあげていました。願書や訴状のような文書で正式に意思を伝えることもあれば、領主の屋敷を尋ねて口頭で内々に考えを述べることもありました。百姓たちは、さまざまなかたちで武士に意向を伝えていたのです。江戸時代の百姓たちはけっして「もの言わぬ民」ではなく、すぐれて「もの言う民」でした。百姓たちこそ江戸時代の陰の主役だったのであり、そのあり方を知らずして江戸時代を真に理解することはできません。

本書では、こうした考えに立って、江戸時代の村に生きた人々の暮らしを、できるだけ具体的に明らかにしていきます。そこから、皆さんが未来に活かすヒントを一つでもつかんでもらえれば幸いです。

第一章　江戸時代の村についての基礎知識

・江戸時代は石高制の社会

本章では、本書を理解していただくために必要な、江戸時代についての基礎知識について述べておきましょう。もうすでにご存じだという方は、本章は飛ばして下さってもけっこうです。

江戸時代は石高制（こくだかせい）の社会だといわれています。大名・旗本など武士の領地の規模も、百姓の所持地の広狭や村の規模も、いずれも石高によって表示されたからです。

では、石高とは何でしょうか。それは、田畑・屋敷地（宅地）などの生産高（標準的な農作物の生産量）を玄米の量で表したものです。石高とは、一定面積の田から収穫が予想される平均的な玄米量を表しているのです。畑や、まして屋敷地には通常米は作りませんが、作ったと仮定して畑や屋敷地にも石高を設定したのです。このように仮定の話が含まれているので、石高は土地の生産力を正確に表したものではありませんが、土地の課税基準や価値評価基準として重視されました。石高は、豊臣秀吉や江戸時代の幕府・大名が行なった土地の調査である検地（けんち）によって定められました。

石高は、容積の単位である石（こく）・斗（と）・升（しょう）・合（ごう）・勺（しゃく）・才（さい）で表示されました。一石＝一〇斗、一斗＝一〇升、一升＝一〇合、一合＝一〇勺、一勺＝一〇才です。一升瓶（いっしょうびん）が約一・八リットル入りであることは、現代人でも知っています。一石は一〇〇升ですから、約一八〇リットルとなります。米一石の重さは約一五〇キログラム、米俵（こめだわら）にして二・五俵ほどとなります（一俵は約六〇キログラム）。

江戸時代の一人一年間の米消費量は、一概にはいえませんが、おおよそ一石程度でした。

ここで、面積の単位についても説明しておきましょう。江戸時代には、土地の面積を表す単位として町（ちょう）・反（たん）（段）・畝（せ）・歩（ぶ）が用いられました。一町＝一〇反、一反＝一〇畝、一畝＝三〇歩です。一歩＝一坪であり、これは一間（けん）（約一・八メートル）四方の面積です。およそ畳二畳分です。一畝はほぼ一アール（一〇〇平方メートル）、一反は三〇〇歩で、ほぼ一〇〇〇平方メートル、一町は三〇〇〇歩で、ほぼ一ヘクタール（一〇〇メートル四方＝一万平方メートル）に相当します。すなわち、次のようになります。

一歩＝一坪＝一間（約一・八メートル）四方
一畝＝三〇歩＝約一アール（一〇メートル四方＝一〇〇平方メートル）
一反＝一〇畝＝三〇〇歩＝約一〇〇〇平方メートル
一町＝一〇反＝三〇〇〇歩＝約一ヘクタール（一〇〇メートル四方＝一万平方メートル）

また、ごくおおまかにいって、一反の田からは一石強の米がとれると考えてください。一町の田からは米一〇石強ということになります。ちなみに、現在では、一反の田から約四石の米がとれます。

・江戸時代の貨幣制度

江戸時代の一両は、今のいくらに相当するのでしょうか。ここで、江戸時代の貨幣制度について述べましょう。

江戸時代には、金・銀・銭（せん（ぜに））三種の貨幣が併用されました。これを三貨といいます。

金貨には大判・小判などがあり、その単位は両・分・朱で、一両＝四分、一分＝四朱という四進法でした。小判一枚が一両となります。大判は、実際にはほとんど使われませんでした。

銀貨の単位は貫・匁・分・厘・毛で、一貫＝一〇〇〇匁、一匁＝一〇分、一分＝一〇厘、一厘＝一〇毛でした。

銭貨の単位は貫・文であり、一貫＝一〇〇〇文でした。もっともポピュラーな銭貨だった寛永通宝など、銅銭一枚が一文です。また、永という単位が使われることがありましたが、永とは中国からの輸入銭である永楽通宝のことで、江戸時代には実際には流通していませんでしたが、単位としてのみ用いられました。金一両＝永一〇〇〇文となります。

三貨相互の交換比率は時と場所によって変動しましたが、おおよその目安として、江戸時代後期には金一両＝銀六〇匁＝銭五〇〇〇～六〇〇〇文くらいと考えればいいでしょう。金一両でほぼ米一石が買えました。

江戸時代の貨幣価値が現代のいくらに相当するかは難しい問題です。日本人の主食である米の値段を基準に考えると（同量の米が、江戸時代と現代とでそれぞれいくらするかを比べます）、金一両＝六万三〇〇〇円、銀一匁＝一〇五〇円、銭一文＝一一円くらいとなります。一方、賃金水準をもとに考えると（大工など同一の職種の賃金が、江戸時代と現代でそれぞれいくらかを比べます）、金一両＝三〇万円、銀一匁＝五〇〇〇円、銭一文＝五五円くらいとなります（磯田道史監修『江戸の家計簿』宝島社〈宝島社新書〉を参考にしました）。いずれにしても、これらはあくまで一つの目安にすぎません。おおよそ、金一両＝一〇～一五万円と考えておけば大過ないでしょう。

・江戸時代には閏月があった

次に、江戸時代の暦について、簡単に述べておきます。今日でも閏年はありますが、江戸時代には閏月（うるうづき）というものがありました。江戸時代の暦（旧暦）は太陰太陽暦（たいいんたいようれき）でした。月の運行をもとにした太陰暦を基本にしつつ、太陽の運行をもとにした太陽暦を組み合わせた暦です。

月の運行を基準にすると、新月から次の新月までの一サイクルは平均二九・五三〇六日なので、太陰太陽暦ではひと月は二九日か三〇日となります。現代の太陽暦より、ひと月が一日か二日少ないのです。一年は三五四日でした。

しかし、これでは太陽暦と年に一〇日以上のズレが生じてしまうので、太陽暦との調整のために、一九年間に七回の閏月をおいたのです。おおよそ、三年に一回です。閏月とは、ある月が終わったあとに、もう一回同じ月を繰り返すことです。たとえば、二月のあとにもう一回二月がくるのであり、あとのほうの二月を閏二月（うるうにがつ）といいました。閏月のある年は、一年が一三か月あり、一年が三八三日もしくは三八四日となりました。何月が閏月になるかは、一定していませんでした。本書で用いる月日は、すべて旧暦によるものです。

・江戸時代の村とは？

次に、江戸時代の村と百姓についてご説明しましょう。

江戸時代の百姓たちは、家族でまとまって日々の暮らしを営んでいました。しかし、百姓家族は、それぞれが孤立して存在していたわけではありません。家々が集まって村をつくり、村人同士助け合って暮らしていたのです。

村は、江戸時代におけるもっとも普遍的かつ基礎的な社会組織でした。それは、百姓たちが生活と生産を営む場であると同時に、領主が百姓たちを把握するための支配・行政の単位でもありました。

江戸時代における全国の村の数は、元禄一〇年（一六九七）に六万三二七六、天保五年（一八三四）に六万三五六二でした。現在の全国の市町村数は約一七〇〇ですから、単純に平均して一つの市や町の中に三七程度の江戸時代の村が含まれていることになります。現在の松戸市域には、五〇以上の江戸時代の町村が含まれています。

一八～一九世紀の平均的な村は、村高（村全体の石高）四〇〇～五〇〇石、耕地面積五〇町前後、戸数五〇～八〇戸、人口四〇〇人くらいでした。このように江戸時代の村は今日の市町村と比べてずっと小規模でしたから、そのぶんそこに暮らす人々の結びつきは今日よりもはるかに強いものでした。農作業から冠婚葬祭にいたるまで日常生活全般にわたって、村人同士が助け合い、また規制し合っていたのです。

・村の住民

村は、概念的にいうと、百姓の家屋が集まった集落を中核として、その周囲の田畑、さらにその外縁に広がる林野などを領域空間としてもっていました。集落・耕地・林野の三重の同心円構造といってもいいでしょう（図1）。

そのなかで、林野は、村全体で共同利用することが、一般的でした。こうした共用の林野を、

図1　村の概念図
（拙著「江戸・明治　百姓たちの山争い裁判」（草思社）より転載。）

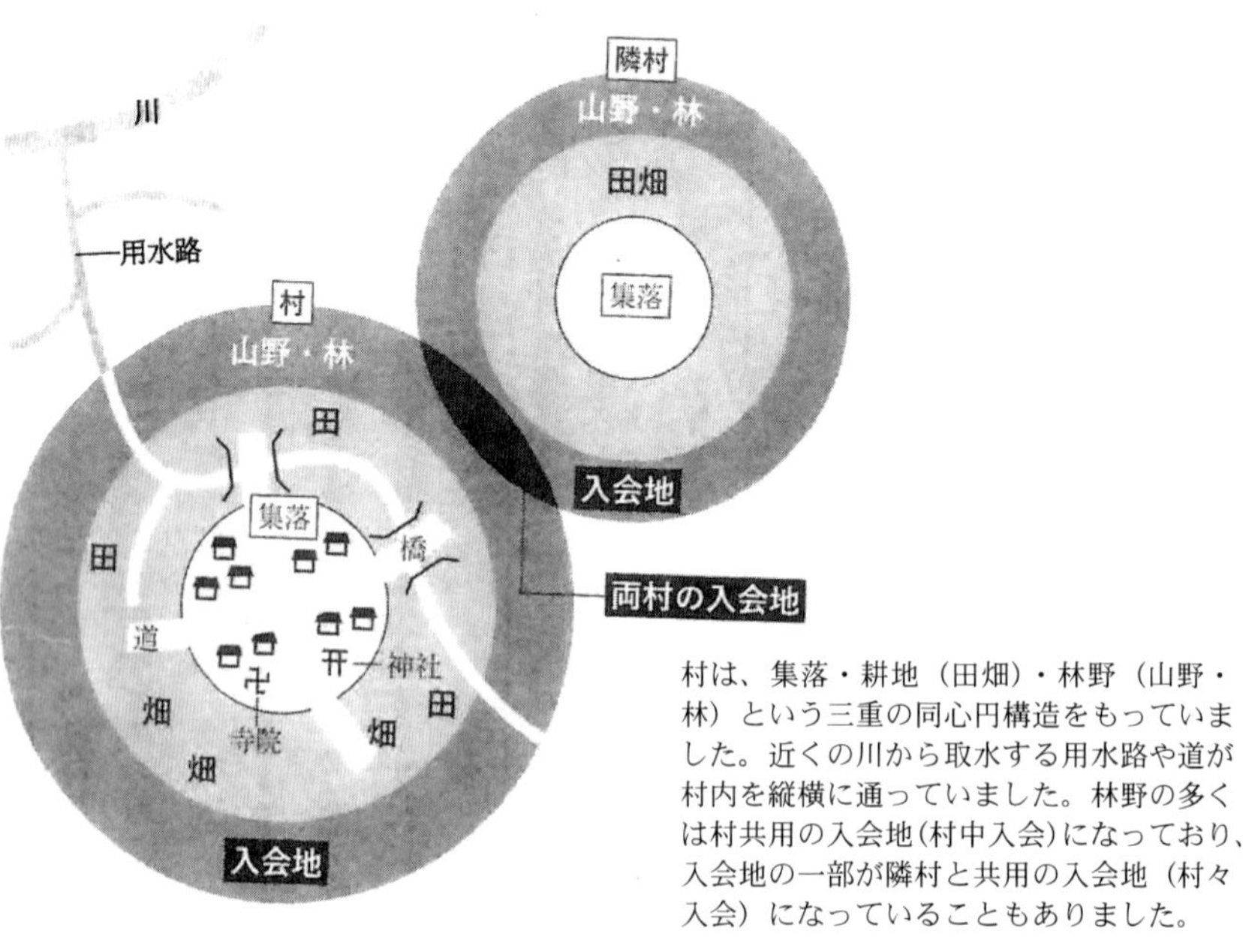

村は、集落・耕地（田畑）・林野（山野・林）という三重の同心円構造をもっていました。近くの川から取水する用水路や道が村内を縦横に通っていました。林野の多くは村共用の入会地（村中入会）になっており、入会地の一部が隣村と共用の入会地（村々入会）になっていることもありました。

入会地（いりあいち）といいます（ほかに各家の持山もありました）。

村は農業を主要な産業とする農村が大半でしたが、海辺にあって漁業や海運業を中核とする村や、山間部にあって林業が重要産業である村、あるいは商工業者主体の都市化した村もありました。漁業・林業・商工業などが中心産業だった村も、珍しくなかったのです。ただし、そうした村の住民も、身分的には百姓でした。したがって、百姓＝農民だと単純に考えることはできません。

また、農村の住民であっても、農業以外に商工業・運送業・年季（ねんき）奉公（ぼうこう）（一年もしくは数年の期間を定めて、他家に雇われて働くこと）・日雇いなど、多様な生業を兼業する人が少なくありませんでした。自村や近隣の村の地主の家や、江戸の商家などに雇われて、年季奉公や日雇いに出る者もいたのです。江戸時代の百姓は、兼業農家であることが一般的でした。この点からも、百姓を農業とだけ結びつけて理解することは正しくありません。

ただし、百姓と農業の間に密接な関わりがあったことも事実です。多くの百姓が程度の差はあれ農業に携わっていましたが、農業をまったく行なわない百姓も一定程度いたということです。百姓と農民はかなりの程度重なりますが、完全にイコールではないのです。百姓とは、第一義的には、行政区分上村とされた地域に住む一般住民の身分を示す呼称でした。

村人たちは、入会地や農業用水路の共同管理、村の中の道・橋の維持・管理、村にある寺院や神社の祭礼の挙行、治安維持、消防・災害対応などのさまざまな面で協力し合いました。江戸時代には村に専任の警察や消防はありませんでしたから、治安維持や防火・消火活動も村人自らが担ったのです。また、田植え・稲刈りなど一時に多量の労働力が必要なときには、何軒かの家々が互いに力を貸し合ったり（これを結（ゆい）といいます）、「もやい」と呼ばれる共同作業を行なって助け合ったりしました。家々がお互いに労働力を提供し合って、一軒だけでは十分にこなせない作業を遂行したのです。

村人の大部分は身分的には百姓でしたが、一部には僧侶・神職なども含まれていました。また、百姓身分のなかにも、田畑などの土地を所持する本百姓（ほんびゃくしょう）（高持（たかもち））と、土地をもたない水呑（みずのみ）（無高（むだか））などの階層区分がありました。

村の家々は五戸前後がまとまって五人組（ごにんぐみ）をつくり、相互に助け合うとともに、年貢納入などの際には連帯責任を負いました。五人組は、領主が、百姓同士を相互に監視させ、また連帯責任によって年貢を確実に徴収するためにつくらせた組織ですが、いったんできると、今度は百姓たちの相互扶助組織として重要な役割を果たしたのです。

また、本家とそこから分かれた分家が集まって同族団をつくって助け合ったり、婚姻を通じて親類関係が拡がったり、村の中がいくつかの集落に分かれていて、集落ごとに日常生活上で強くまとまったりしていることも広くみられました。このように、村の住民には多様な身分・階層・職業の人々がおり、村の中には複数の小集団（五人組・同族団・親類・集落など）が重なり合って存在していたのです。

・村のしくみ

先に述べたように、村は、領主の支配・行政の単位、すなわち行政組織でもありました。そこで、村の運営のために村役人が置かれました。村役人は、名主（なぬし）（庄屋（しょうや）・肝煎（きもいり）という村もあります）・組頭（くみがしら）・百姓代（ひゃくしょうだい）の三者で構成されることが多く、これを村方三役（むらかたさんやく）といいました（百姓代を村役人に含めないこともあります）。村方三役は、いずれも百姓が務めました。

名主は村運営の最高責任者、組頭はその補佐役であり、百姓代は名主・組頭の補佐と監査を主な職務としていました。名主は世襲で任期がないこともあれば、任期制のこともあり、また任期については特段の規定を設けず、必要に応じて適宜交代することにしている村もありました。世襲制の場合は、村内で特定の有力な家の当主が、代々名主を世襲したのです。任期制の場合には、入札（いれふだ）

（投票）で後任を選ぶこともありました。江戸時代から、選挙で代表者を決めていた村もあったのです。ただし、投票できるのは各戸の当主（基本的に男性）に限られていました。

入札を行なう村は、江戸時代を通じてしだいに増えていきました。組頭や百姓代も、それぞれの村の事情と村人たちの意向に応じて、多様な方法で決められました。村役人の選出方法は村によって異なり、同じ村でも時期によって違っていたのです。

ただし、村役人、特に名主は、最終的には領主が任命しました。領主が村の意向を尊重して、村で選んだ人物をそのまま名主に任命すれば問題はありませんでしたが、時には両者の意向が対立して紛糾することもありました。

名主は、村人たちの代表であると同時に、領主の政策・方針の村における実行者でもあるという二重の性格をもっており、そのため選出過程においても村側と領主側の双方の意向がはたらいたのです。

入札の具体例をあげましょう。大谷口村では、嘉永二年（一八四九）に、組頭の平蔵が退役することになりました。そこで、まず領主の旗本・土屋家に願い出て、退役の許可をもらいました。次いで、村の各戸の当主たちが後任について相談し、後任を選ぶ入札が行なわれました。その結果、伝左衛門の子・勝次郎が最高の得票を得たので、村人たちは彼に組頭就任を頼んでいます。

一般論に戻ります。村の運営（年貢の収納、村の人口調査、領主の法令の村民への通達など）は村役人が中心的に担いましたが、村の重要事項（村の年間行事のスケジュール決定や領主への願い事など）は各戸の当主全員の寄合（集会）で決められ、村運営のための必要経費（これを村入用といいます）は、村民が共同で負担するなど、村は自治的に運営されていました。村独自の取り決め

（これを村掟（むらおきて）といいます）も制定されました。ただし、寄合に参加したり、村掟の制定に関わったりできるのは、各家の当主だけでした。

村掟の内容は村ごとに多様であり、時には領主の定めた法とは異なる内容が盛り込まれることもありました。こうした村の自治の背景には、兵農分離（へいのうぶんり）（士農分離（しのうぶんり））によって武士の多くが城下町に集住するようになったため、日常的な村運営が百姓たちに委ねられたという事情がありました。

ちなみに、兵農分離とは、支配身分である武士（兵）と被支配身分である百姓（農）とを身分・居住地・職業等において区別し、前者が後者を支配する体制のことです。

戦国時代には、村の上層住民（土豪（どごう）・地侍（じざむらい）などと呼ばれます）のなかには、農業や商工業を営みつつ、大名の家臣（兵）となっている者が大勢いました。同一人が兵と農を兼ねることができ、また兵と農の間はかなり流動的でした。それが、江戸時代になると、武士の多くは城下町（江戸は最大の城下町です）などの都市で暮らすようになりました。武士になることを選んだ土豪・地侍たちは、城下町に移住して村に戻ることはありませんでした。

そのため、江戸時代の多くの村は、武士のいない村になりました。武士は城下町から文書によって村に必要な指示を出し、百姓たちも文書を用いて武士に報告や要求を伝えるようになりました。

こうして、江戸時代には文書行政が発達していったのです。百姓たちは文書行政に対応するために読み書きを学び、村には寺子屋（てらこや）（手習所（てならいじょ））が増えていきました。読み書きのできる百姓や、村の寺の住職や神社の神職などが、本業のかたわら寺子屋を開設して、子どもたちを教えたのです。

・百姓の負担と村請制

百姓の負担には、田畑・屋敷地（宅地）など検地帳（土地台帳）に登録された土地（高請地といいます）に賦課される年貢（本年貢・本途物成）や、山・野・河・海の産物や商工業の収益にかかる小物成などがありました。

幕府や大名は、村を単位に検地（土地調査）を実施しました。検地では、担当役人が畔で区切られた一区画ごとに土地の面積を調査し、地味に応じて耕地に上・中・下・下々といった等級をつけました。上田・中田・下田・下々田、上畑・中畑・下畑・下々畑といった具合です。

土地の一区画ごとに、検地によって把握された耕地面積、等級（上・中・下・下々など）、田畑の別・石高（土地からの米の標準生産高）、土地所持者（名請人といいます）などの情報を記した帳面が検地帳であり、村のすべての田畑・屋敷地の石高を合計した数値が村高です。こうした検地を通じて、土地生産力（課税基準）を米の量で換算表示する石高制が確立していきました。

年貢などの負担は、領主から個々の百姓に対して直接賦課されたわけではありません。江戸時代には、諸負担は村全体でまとめて納入する制度になっていました。これを、村請制といいます。

領主は毎年、村に対して納めるべき年貢の総額を示すだけで、あとは名主を中心に村人たちが自主的に各自の負担額を確定し、名主が村全体の年貢を取りまとめて領主に上納したのです。村請制は、村人たちの強固な結びつきを前提としてはじめて成り立つ制度でした。自分たちで年貢の割当て・徴収・納入を行なうことは、村人たちにとって大きな負担でしたが、反面では、年貢の割当て・徴収・納入を主体的に担うことを通じて、村人たちの共同性と自治能力は大きく伸びていきました。

第二章　城跡の村・大谷口

・大谷口村とはどういう村か？

第一章では、江戸時代の村の一般的なあり方について述べました。それをふまえて、本章では、本書の舞台となる下総国葛飾郡大谷口村の具体的な姿を、同村の百姓たちが定めた村掟などからみていきましょう。

大谷口村は、下総台地が江戸川左岸の低地（関東平野）に突き出た西端部にありました（図２）。元禄一一年（一六九八）に作られた「大谷口村指出帳」という村勢要覧をみると、大谷口村は江戸へ陸路五〜六里（一里は約四キロメートル）の所にありました。一日で江戸に行ける距離にあったのです。村の広さは、南北一八三間（＝約三三九・四メートル、一間は約一・八メートル）、東西三四四間（＝約六一九・二メートル）、村高（村全体の石高）は二三六石九斗一升一合でした（村高は幕末までほとんど変わりません）。

村内の耕地・屋敷地の総面積は二七町六反三畝九歩で、そのうち田が一七町七反二畝一〇歩、畑が九町九反二五歩でした。田は上田・中田を合わせた面積よりも下田の面積のほうが大きく、畑も上畑・中畑を合わせたよりも下畑の面積のほうが大きいことから、土地の生産力はあまり高くなかったことがわかります。

年貢米は、江戸川縁の流山河岸（現千葉県流山市、河岸は河川の岸の、舟から人や荷物を揚げおろしする場所）まで陸路で運び、そこから船で江戸の浅草河岸まで運びました。大谷口村の寛政元

図2　明治10年代の大谷口村周辺の地図

陸軍迅速測図「松戸」を一部改変

弁天社　この神社に願をかけると「いぼ」が取れるといわれ、「いぼ弁天」と呼ばれています。

年（一七八九）の戸数は三一戸、享和二年（一八〇二）と安政二年（一八五五）には三三戸でした。安政二年の人口は、男九一人、女九四人、計一八五人で、馬が一〇頭おり、牛はいませんでした。村高や戸数からみると、比較的小規模な村だったといえます。寺院は大勝院（真言宗）・常真寺（日蓮宗）・東光院（真言宗）、神社は神明社・香取社・女体社・弁天社・榛名社がありました。

・城跡にできた村

大谷口村のある一帯には、戦国時代に高城氏の居城・小金城（大谷口城）がありました。小金城は、江戸川を望む下総台地に位置する、下総国有数の規模を有する城郭です。その規模は、南北六〇〇メートル、東西八〇〇メートルにおよびます。現在も、大谷口歴史公園で堀と土塁の一部をみることができます。

高城氏は、小田原を本拠とする戦国大名・北条氏に従う有力領主でした。しかし、天正一八年（一五九〇）に、北条氏が豊臣秀吉によって滅ぼされると、高城氏も運命を共にし、小金城は落城しました。江戸時代には小金城は廃城となり、その後城の西南寄りの跡地にできたのが本書の舞台となる大谷口村です。大谷口村は、城跡の村だったのです。

　高城氏は、北条氏の滅亡によっても完全に没落することはなく、江戸時代の初めに徳川家に仕えることができて、以後は幕府の旗本となって幕末に至りました。ただし、高城氏の領地は、小金の地からは遠く離れた関東各地の村々において与えられました。その点では、高城氏と小金の地との関係はなくなりました。しかし、高城氏と小金との縁が完全に切れたわけではありません。戦国時代に高城氏に仕えた武士たちのなかには、北条氏の滅亡後、小金城周辺の土地に土着して、百姓になった者も多数いました。彼らは、江戸時代になっても、元の主君である高城氏のことを忘れませんでした。それは、高城氏の側も同じです。

小金城の堀（大谷口歴史公園）

　慶長一〇年（一六〇五）から慶安二年（一六四九）にかけて、高城氏が、土着した旧家臣たち（もしくはその子孫）に与えた官途状が数通残っています。官途状とは、主君が功績をあげた家臣に対して、特定の官職を名乗ることを許した書状のことです。しかし、江戸時代の高城氏の場合、旧家臣との間にもはや主従関係はありません。ですから、高城氏が出した官途状に実質的な意味はないのですが、旧家臣

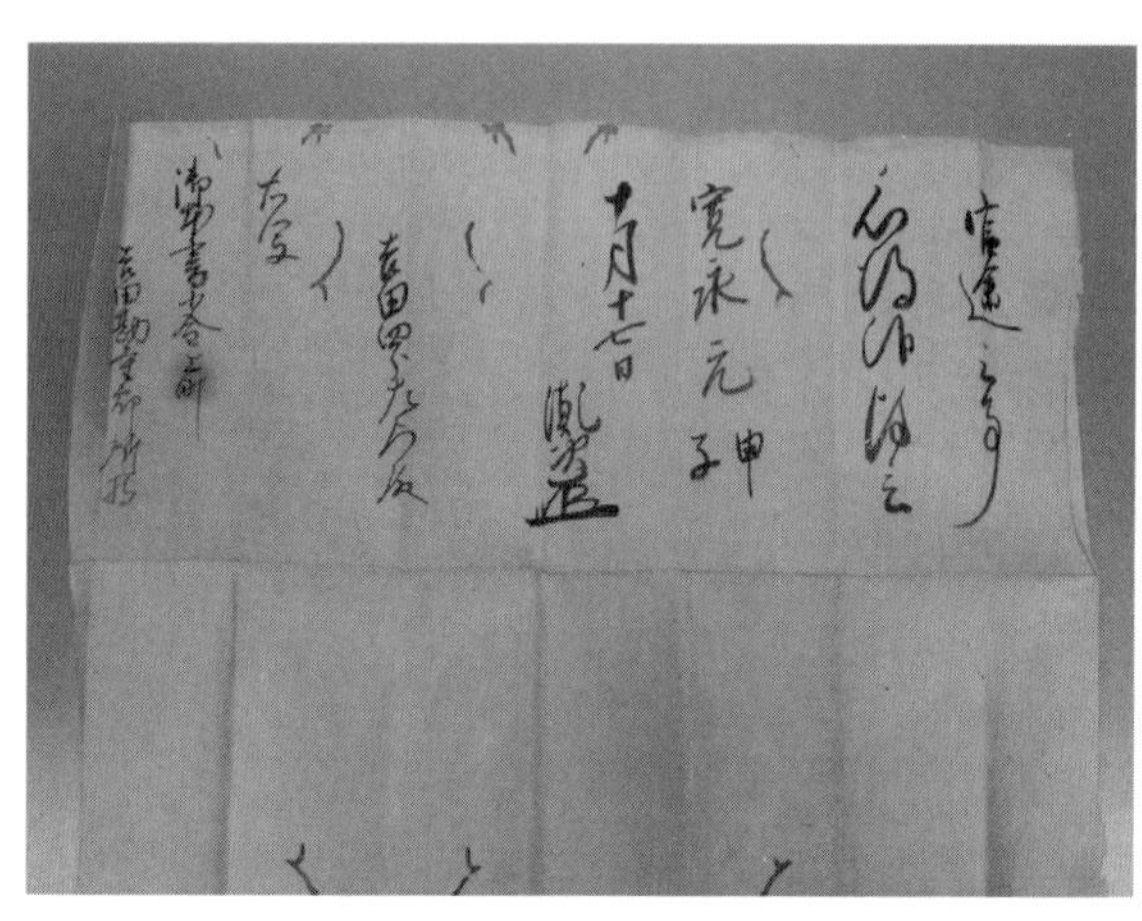
高城氏が出した官途状（松戸市立博物館所蔵・高城家文書）
寛永元年（1624）に、高城氏が小金町の吉田四郎左衛門に宛てて出したものの写し

たちは将来再び高城氏の家臣、すなわち武士になれるかもしれないという期待を抱いて、高城氏から官途状を出してもらったのではないでしょうか。

一七世紀中ごろかと思われますが、「小金領惣百姓」が高城氏に、戦国時代に高城氏の領地だったとされる村々の一覧を提出しています。「惣百姓」とは百姓全員という意味ですが、実際は高城氏の旧家臣だった有力百姓たちが提出したのでしょう。これは、高城氏の依頼に応じて差し出したものでした。高城氏と旧家臣たちは、こうした文書をやり取りしつつ、江戸時代においても関係を継続していたのです。

高城氏と旧家臣の家との関係は、一八世紀になっても続きました。享保一三年（一七二八）三月に、幸谷村の五郎右衛門という百姓が、江戸の高城氏の屋敷を訪れました（幸谷村は大谷口村の隣村です）。彼は、戦国時代に高城氏の家臣だった斎藤外記の子孫だと名乗りました。五郎右衛門は、小金城の絵図を献上しに来たのです。高城氏は、彼を屋敷に泊めて歓待しました。同じ享保一三年の六月に、やはり幸谷村の百姓・花嶋久兵衛が、戦国時代の高城氏家臣の名簿を、高城氏に差し出しています。享保一五年四月には、当時の高城家

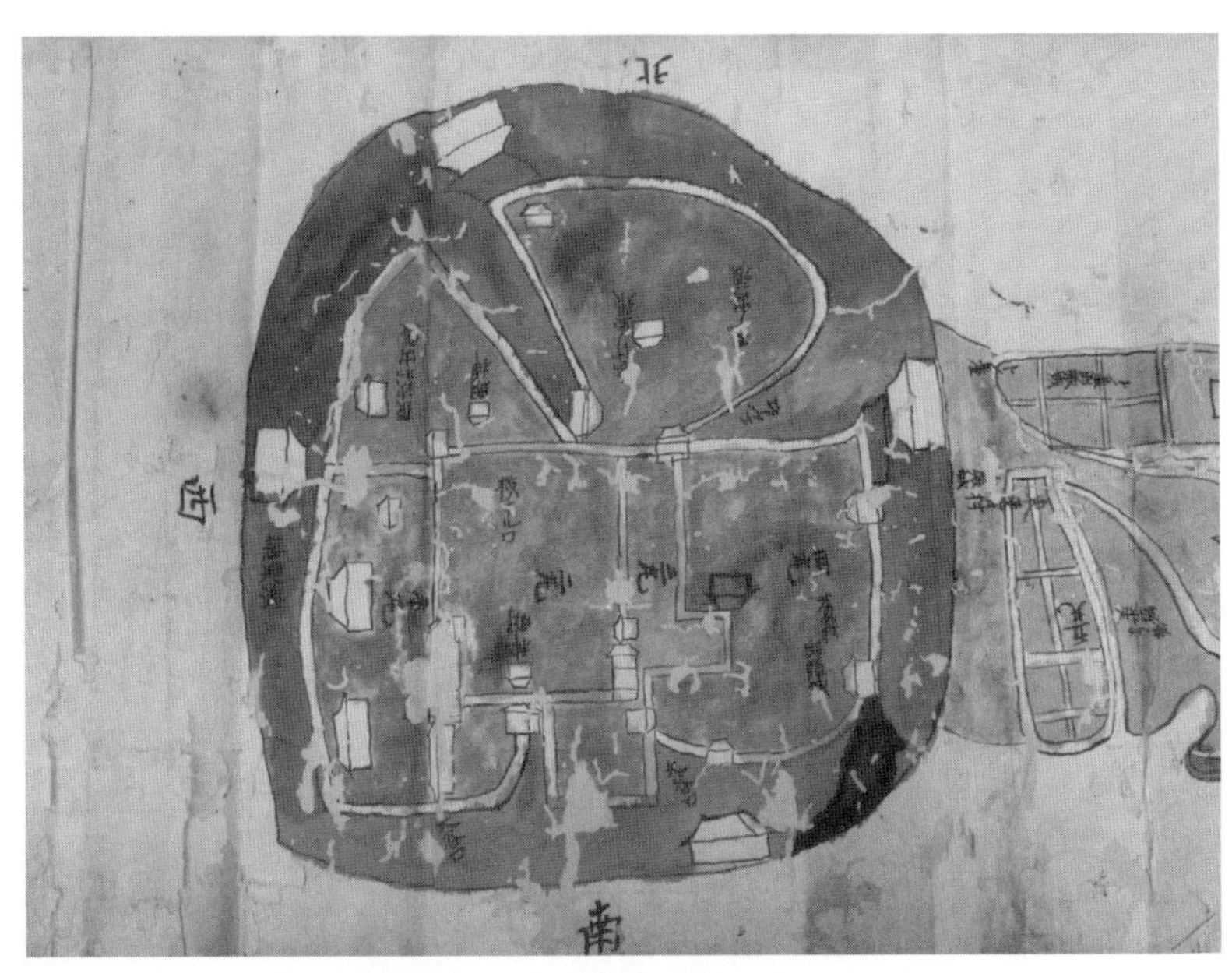

五郎右衛門が献上した小金城の絵図（高城家文書）

神明神社にある高城氏寄進の手水鉢

広徳寺

広徳寺にある高城家墓所

慶林寺

慶林寺にある桂林尼（珪琳尼）の墓所
桂林尼は戦国時代の高城家当主胤吉（たねよし）の妻。

当主・清胤が小金を訪れ、翌享保一六年には大谷口村の神明社と女体社に石製の手水鉢（手・顔を洗い清める水を入れておく鉢）を寄進しています。

さらに下って、天保一〇年（一八三九）四月には、時の高城家当主・胤親が、同家の墓所がある中金杉村の広徳寺と殿平賀村の慶林寺に墓参に来ています。四月八日に、高城胤親は、両寺での法事のあと、幸谷村の村役人たちの案内で小金城跡を見学しました。そして、夕方になって広徳寺に戻り、旧家臣家の者たちの挨拶を受けています。一九世紀になっても、高城氏と小金周辺の旧家臣家の者たち（当時は百姓身分）との交流は途絶えていないのです。

・大谷口村の領主・土屋氏

高城氏の話は以上にして、今度は江戸時代に大谷口村の領主になった土屋氏について述べましょう。大谷口村は、江戸時代の初期には幕府の直轄領でしたが、元禄一一年（一六九八）に旗本・土屋家の知行地（知行所・領地）となり、以後幕末まで土屋家が大谷口村の領主であり続けました。旗本とは、徳川将軍家の直臣（直属の家臣）で、幕府の軍事力の中心であるとともに、幕府の官僚として政権運営に携わりました。知行地の石高（知行高）は一万石未満で、将軍に直接御目見えすることができました。旗本の総数は五二〇〇家余でした。

土屋家の歴代当主は、次のとおりです。

定政　初代

小金城の土塁（大谷口歴史公園）

政成(まさなり)　寛永(かんえい)一二年（一六三五）に七四歳で没。

政重(まさしげ)（長三郎(ちょうざぶろう)）　三代将軍徳川家光(いえみつ)の小姓(こしょう)となる。寛文(かんぶん)七年（一六六七）に七〇歳で没。寛永一〇年以降、知行高七〇〇石。

政一(まさかず)　政重の長男。宝永(ほうえい)三年（一七〇六）に七二歳で没。

正克(まさかつ)（長十郎(ちょうじゅうろう)・弥左衛門(やざえもん)・長三郎）　政重の三男。政一の弟。彼が当主のとき、大谷口村が土屋家の知行地になる。享保(きょうほう)一二年（一七二七）に六六歳で没。

正方(まさかた)（熊次郎(くまじろう)・長三郎・越前守(えちぜんのかみ)）　正克の二男。京都町奉行(まちぶぎょう)・江戸町奉行を務める。知行高が一〇〇〇石となる。明和(めいわ)五年（一七六八）に六〇歳で没。

正延(まさのぶ)（長三郎・伊予守(いよのかみ)）　正方の子。京都町奉行・長崎奉行を務める。天明(てんめい)五年（一七八五）に五〇歳で没。

正備(まさよし)（馬之丞(うまのじょう)・長三郎・筑後守(ちくごのかみ)）　正延の子。日光奉行を務める。文政(ぶんせい)九年（一八二六）に六九歳で没（文政一〇年没かもしれません）。

正典(まさのり)　天保(てんぽう)六年（一八三五）に五七歳で没。本書で詳述する土屋家の財政難をめぐる諸問題は、正典の代に顕在化します。

太刀三郎（弥左衛門）　元治元年（一八六四）没と思われます。

馬之丞　慶応元年（一八六五）に将軍徳川家茂に従って大坂に出陣します（これについては第五章で述べます）。馬之丞が当主のときに、幕府が倒れます。

・土屋家の知行地

文久元年（一八六一）における土屋家の知行地は、以下の村々にありました。なお、下記の石高は、村全体の石高（村高）ではなく、村内における土屋家の知行地だけの石高です。

武蔵国横見郡山野下村（現埼玉県吉見町）	二一三石二斗九升七合
武蔵国横見郡地頭方村（現埼玉県吉見町）	一〇七石八斗六升五合
下総国葛飾郡大谷口村（現千葉県松戸市）	二三六石九斗一升一合
下総国葛飾郡栗ケ沢村（現千葉県松戸市）	一〇四石一斗六升三合
下総国千葉郡中野村（現千葉県千葉市）	八六石七斗七升八合四勺
常陸国鹿島郡武井村（現茨城県鹿嶋市）	二〇〇石
相模国愛甲郡猿ケ島村（現神奈川県厚木市）	二〇〇石
合　計	一一四九石　一升四合四勺

旗本のなかでももっとも数が多かったのは、知行高五〇〇～六〇〇石と一〇〇〇～二〇〇〇石の

階層でした。そこからすると、知行高一一四九石一升四合四勺の土屋家は標準的な部類に入るといえます。

知行地は一つの地域に固まっていたわけではなく、現在の千葉・埼玉・茨城・神奈川の四県に分散していました。知行地のうち、一七世紀前半以来の古い知行地は、栗ケ沢・武井・猿ケ島の三か村です。その後、元禄一一年（一六九八）に大谷口村と中野村が知行地に加わりました。さらに、明和三年（一七六六）に山野下・地頭方の両村も知行地となり、以後幕末まで、この七か村が土屋家の知行地として続きました。

この七か村のうち、大谷口・猿ケ島・山野下の三か村は村全体が土屋家の知行地でしたが、ほかの四か村は複数の領主が分割支配していました。複数の領主がいる村を、相給村（相給村落）といいます。領主が二人なら二給、三人なら三給といいました。土屋家の知行地の場合、地頭方・栗ケ沢両村は三給、武井村は六給、中野村は九給でした。中野村のように、一つの村に九人もの領主がいる村もあったのです。関東地方には、こうした相給村が多くみられました。

こうした相給村が生まれる理由やその実態については、大谷口村に隣接する幸谷村（三給、現千葉県松戸市）を取り上げた拙著『殿様が三人いた村─葛飾郡幸谷村と関家の江戸時代─』（崙書房出版）や『言いなりにならない江戸の百姓たち─「幸谷村酒井家文書」から読み解く─』（文学通信）をご覧ください（ただし、前者は現在入手が難しくなっています）。

なお、江戸時代は兵農分離（士農分離）が原則ですから、土屋家の当主やその家族、家臣たちは皆江戸屋敷に住んでいて、知行所村々を訪れることはめったにありませんでした。必要なときには、知行所村々の村役人たちが江戸に出向いて、当主や家臣と面会したのです。

・犯人捜しは投票で

江戸時代の村人たちは、自主的に自分たちが守るべき村のルールを定めていました。そのルールを村掟といいます。ここからは、大谷口村で結ばれた村掟を取り上げて、江戸時代の大谷口村で起こっていた問題や、それへの村人たちの対処法などをみていきましょう。

文政一三年（一八三〇）一月に、大谷口村では一つの議定書（村掟）が作成されました。小前（一般の百姓）二七人・組頭二人・百姓代二人から、二人の名主（五右衛門と伊兵衛）に宛てて出されたものです。名主の一人・伊兵衛は当時の大熊家の当主です。では、以下に議定書の内容を、現代語訳してご紹介しましょう（本書で以下に取り上げる史料も、すべて私が現代語訳したものです）。

議定書のこと

一、博奕については、幕府から厳しく禁止されているところだが、いまだに村内で博奕をしている者がいるという噂がある。そこで、このたび名主たちから、あらためて博奕禁止の手段を講じるように厳しく言い渡されたので、一同は謹んで承知した。

また、近年は、村内にある他人の持山に勝手に入って、無断で竹の子を掘ったりする者がいて、若竹をひどく傷つけたりするので、山の所有者がたいへん迷惑しているということが、名主たちの耳に入った。そのため、名主たちから、この件についても至急防止策を取り決めるようにと小前一同に言い渡され、これも承知した。

そこで、小前の当主全員が相談して、村内の取り締まりのために、以下の項目を議定した。

一、自分の家を博奕の会場（賭場）として提供した者がいたならば、その者には罰金として銭五貫を出させる。また、賭場提供者の隣家の者たちにも、銭三貫ずつを出させる。

一、田畑の作物や、各戸の持山に生えている竹・木を盗んではいけないことは言うまでもない。それだけでなく、各戸の持山の竹の子が盗まれた場合にも、村の戸主全員に、犯人と思われる者の名前を書いて投票させる。そして、もっとも票の多かった者には過料（罰金）として銭五貫、二番目に票の多かった者には銭三貫、三番目の者には銭二貫を、それぞれ出させる。

以上のことを、今般小前一同で相談して取り決めたうえは、今後長くこの議定書には少しも違反しない。よって、一同が議定書に連印するものである。

この議定書は、大谷口村で独自に取り決めたものです。博奕（博打）の禁止は幕府の方針でもありましたが、村人たちは幕府に命じられてこの議定書を結んだわけではありません。村人のなかに、博奕にうつつを抜かして農作業を疎かにする者がいれば、ほかの村人たちにも悪影響が及んで村の風紀が乱れます。名主たちはそれを心配して、小前たち（ここでは組頭・百姓代も含みます）に対策を考えるよう求めたのです。また、竹の子掘りも、他人の持山で勝手に掘れば立派な盗みです。そこで、名主たちは、こちらについても、小前たちに防止策の制定を求めました。

名主たちは、小前たちに対策づくりを求めましたが、具体的な対策の内容は小前たちが相談して決めています。すなわち、この議定書は、名主のリーダーシップと、小前たちの自主性・主体性とが合わさって成立したものなのです。議定書の形式も、小前たちが、自分たちで決めた対策の遵守（じゅんしゅ）を名主たちに約束するかたちになっています。

では、具体的な内容をみてみましょう。博奕については、賭場の提供者とその隣家の者に過料が科されることになっています。これは、村独自の罰則規定です。隣家にも過料が科されるのは、隣りで博奕が行なわれているのに気付かなかった（あるいは気付いていても名主に通報しなかった）ことを咎める意味合いでしょう。過料は村に差し出されて、村の収入として村財政（村入用）に組み込まれたり、博奕の通報者に褒賞金として渡されたりしたのだと思われます。

ここで特徴的なのは、過料が賭場の提供者とその隣家の者にだけ科されて、博奕を打った者に対する罰則が何も定められていないことです。賭場さえ開かれなければ博奕を打つことはできないので、博奕を根絶できるという考え方でしょう。これは少し奇妙に思えるかもしれませんが、必ずしも大谷口村が特殊だったわけではありません。

大谷口村の隣村・幸谷村で文化（ぶんか）九年（一八一二）に定められた村掟では、「博奕や賭け事をした者は、男女を問わず、銭三貫の過料とする。その者の両隣に住む者も、同様に銭三貫の過料とする。博奕や賭け事の場所を提供した者は、戸〆（とじめ）（住戸の出入り口に釘を打って、出入りを禁じる刑罰）のうえ、銭五貫の過料とする」とされています。

幸谷村の場合は、博奕の当事者も処罰の対象になっている点が大谷口村とは異なりますが、幸谷村でも博奕の当事者より賭場の提供者のほうが重い処罰を科されることになっています。賭場の提供者のほうが過料の額も高いですし、過料に加えて戸〆という自由刑（自由の剥奪を内容とする刑罰。懲役など）も付加されているのです。すなわち、博奕を打った本人よりも、賭場の提供者のほうが責任が重いという考え方は、大谷口村も幸谷村も共通しているのです。ただし、大谷口村でも、明文の規定はないものの、博奕を打った本人にも何らかの制裁が科された可能性もあります。

次に、竹の子泥棒などへの対応策をみてみましょう。ここでも、われわれの常識とは異なる対策が定められています。もちろん、犯人が現行犯逮捕できれば問題はありません。それができなかった場合に、江戸時代特有の犯人捜しの方法が定められているのです。それが、村の各戸の当主全員による投票（入札（いれふだ））です。多くの戸主たちから、犯人ではないかと疑われて名前を書かれた者は、証拠や自白がなくても犯人と見なされて過料が科されたのです。二番目、三番目に多く名指しされた者にも過料が科されています。

こうしたやり方は、当然冤罪を生む危険性があるわけですが、大谷口村の百姓たちは、狭い村内で互いによく見知った者たちが投票すれば、かなり高い確率で犯人を特定できると考えたのでしょう。また、日頃ほかの村人たちからよく思われていない者を懲らしめる意味合いもあったかもしれません。しかし、これで本当に犯人が特定できたかは疑問です。

先にみた隣村・幸谷村で文化九年（一八一二）に定められた村掟でも、「田畑の作物を盗んだ者は、その現場に縛り付けておき、そのうえで村から追放するのが村の掟である。農作物の盗難があったが誰も犯人を見ていない場合は、百姓一同で入札をする。そこでもっとも多くの票を集めた者は、村役人で評議のうえ、村から追放する」とされています。やはり、投票による犯人探しが規定されているのです。

こうした犯人捜しの方法は、ほかの地域の村々でもみられます。江戸時代に広く用いられた方法だったのです。こういう規定ができることによって、村人たちは、それまで以上にほかの村人たちから嫌疑をかけられないように普段から気を遣い、他者と協調的な行動を心掛けるようになるでしょう。自分だけ悪目立ちして、村内で浮きあがってはいけないのです。村人たちの皆がそういう行動パターンを身につけることによって村のまとまりは強固なものになるでしょうが、その反面で、正しいと思うことを周囲の意向に頓着せずに強く主張することは難しくなります。良かれ悪しかれ、江戸時代の村人たちは、そのように生きることで、自らの生活を維持・発展させようとしていたのです。そうした考え方、行動の仕方は、強く自己主張するよりも、場の空気を読んで周囲から浮かないことを心掛けることの多い、現代の日本人とも通底するところがあるのではないでしょうか。われわれの日常の何気ない選択も、実は深いところで江戸時代の百姓たちとつながっているのです。

・村内の道幅は村で決める

次に、天保一五年（＝弘化元年、一八四四）四月に取り決められた村掟をみてみましょう。この村掟は、百姓二六人と年番（一年任期）の百姓代三人から、組頭二人・年寄（名主に次ぐ地位の村役人）伊兵衛・名主安右衛門に宛てて出されたものです。村で取り決めた内容の遵守を、百姓たちが村役人に約束しているのです。その内容は、村内を通る道路の道幅に関することでした。

江戸時代の村には大小さまざまの道が通っていますが、その維持・管理は村人たちが自主的に行なっていました。当時の道は舗装などされていませんから、時とともに路側(ろそく)の土が削られたり、両側から土が崩れてきたりして、道幅が狭まって通行に支障を来すようになってしまいます。天保一五年の大谷口村でも、そうした問題が起こっていました。

そこで、百姓一同が相談して、メインルートから細い畦道(あぜみち)まで道の種類に応じて、それぞれ一尺(しゃく)（約三〇センチメートル）から二間(けん)（約三・六メートル）までの道幅を定めました。たとえば、メインルートは道幅を二間とするといった具合です。

そして、その道幅を示す目印として、道の左右の端に杭を打つことにしたのです。さらに、今後、自然と道幅が狭まってきたら、村人たちが相談して、今回打った杭を基準に道幅を広げることにしました。そして、以上の内容を、村掟として成文化し、後年までのルールとしたのです。

・嘉永五年の議定書

大谷口村では、嘉永(かえい)五年（一八五二）閏二月にも議定書が結ばれています。この議定書は、百姓（小前）二八人・百姓代三人から、名主伊兵衛・年寄伝左衛門(でんざえもん)・組頭二人に宛てて差し出されたものです。その内容は、次のとおりです。

村で取り決めた議定書のこと

一、性別・年齢を問わず、田畑の作物や、他家が所有する山林に生えている植物を盗む者が出ないように、互いに気をつけ、子どもにもきちんと言い聞かせておくこと。もし心得違いの者が田畑・

山林で盗みをはたらいたならば、その者には銭五貫の過料を科す。また、盗難行為を発見して犯人を確認した者には、褒美として銭三貫を与える。

一、博奕などの賭け事は前々から幕府が禁止している旨を、村役人から百姓たちに言い聞かせてきた。しかし、近年ではそれがいい加減になり、賭け事をする者が出てきたという噂がある。そこで、このたびあらためて賭け事の禁止を村役人からきつく言い渡すので、村の小前たちや若者たちにいたるまで遵守すること。もし、言いつけに背いて賭け事をした者がいた場合は、賭け事の会場（賭場）を提供した者には銭五貫の過料、両隣の家の者には銭三貫の過料を科す。また、賭け事が行なわれているのを見つけて村役人に通報した者には、褒美として銭三貫を与える。

一、薪を取りに無断で山に入ってはならない。これは、村内の山も他村の山も同様である。

一、村の寄合については、村の全戸主の寄合はもちろん、五人組限りの寄合であっても、定刻には必ず出席すること。もし、他所へ行く用事があって欠席する場合には、両隣の家に頼んで支障のないようにすること。

一、寄合などで多人数が集まったときには、履物を間違えないようにすること。一足（左右両方の履物）履き間違えた場合は銭一貫の過料、片方だけを間違えた場合は銭五〇〇文の過料を科す。

以上のことを村役人から言い渡され、百姓一同が謹んで承知した。そこで、一同が連印した議定書を村役人に差し上げる。

この議定書では、文政一三年の議定書と同様に、盗みと博奕が主要な問題としてあげられています。文政一三年の議定書によっても、盗みや博奕の根絶が困難だったことが窺えます。また、こちらの議定書は、村役人が言い渡した内容について、小前たちが遵守を誓うというかたちになっています。村役人のリーダーシップが、より前面に出ているといえます。

第一条は、田畑・山林での盗みに対する罰則規定です。ここでは、文政一三年の議定書にあるような、犯人捜しのための投票の規定はありません。代わって、発見者への褒賞規定が加わっています。こうした変化の理由ははっきりしませんが、投票のもつ問題点を村人たちが自覚した結果だという可能性もあります。

第二条は、博奕に関する罰則です。博奕については、違反者への過料の額など、文政一三年の議定書とほぼ同内容です。博奕をした者への罰則はなく、賭場の提供者への処罰が中心であること、隣家の者にも連帯責任が科されていることなどは、文政一三年と共通しています。ただ、通報者への褒賞規定が新たに加わっています。また、若者たちが特に名指しされているのは、彼らが若気の至りで博奕の誘惑に負けることが危惧されたからでしょう。

第四、五条の寄合（集会・会合）に関する規定は、文政一三年の議定書にはないものです。戸主たちによる寄合は重要な村の意思決定の場ですから、遅刻や欠席をして、ほかの者に迷惑をかけないよう規定されているのです。

また、現代でも飲食店などでの靴の取り違えはありますが、それと似て、第五条で他人の履物を間違えて履いて帰ってしまった者への過料が定められているのも面白いところです。

・嘉永七年の議定書

もう一つ、今みた嘉永五年の議定書から二年後の嘉永七年四月につくられた議定書をみてみましょう。これは、大谷口村の百姓三一人が連署して、名主伊兵衛・年寄伝左衛門・組頭二人に差し出したものです。その条文のいくつかを、以下に抄出してみます。

一、大谷口村の領域内の野山で、他村の者に草刈りをさせないようにすること。もっとも、隣村との境界には標識の棒柱を建てておくことにする。

一、村の者はもとより、他村の住人で大谷口村に耕地だけ所持する者であっても、田畑・山野で盗みが発生しないように互いに注意すること。

一、村の戸主一同の寄合に関して、近年は集合時刻などがいい加減になってきている。それについて、このたび一同で相談して、開始の定刻から半刻（はんとき）（約一時間）までの遅刻は罰則を免除してもらうことにした。もし無断欠席した場合は、罰として、村のための土木作業を一人分無給で行なうこととする。

一、博奕などの賭け事をした者には、以前からの規定に従って処罰を言い渡す。

この議定書でも、嘉永五年のものと同様に、田畑・山野での生育物の盗み、博奕、寄合の三項目が中心的な内容になっています。ただ、前二者（盗みと博奕）については、すでに嘉永五年の議定書で罰則が明示されていることもあって、嘉永七年の議定書ではそれを踏襲して、あまり細かな規定は記されていません。

第一章で述べたように、村の領域は、集落・耕地・林野の三重の同心円構造になっていました。そして、一番外側の林野は、隣村と境を接している場合が多かったのです。林野の植生は、肥料・燃料・食料・建築用材などとして、百姓たちの生活にとって重要な意味をもっていました。特に、草や木の枝は肥料として不可欠でした。ですから、他村の者が自村の林野に無断で入って草刈りなどすることは絶対に認められませんでした。そこで、第一条では、隣村との境界を明確化するために、標識の棒柱を建てることを定めているのです。

第二条も、盗みの防止規定です。大谷口村の田畑のなかには、近隣の村の百姓が所有して、大谷口村まで通って耕作している田畑もありました。そうした他村の者に対しても、盗みの防止に努める責任を定めているのです。よその村のことだからといって、盗みを見逃すことは許されませんでした。

寄合については、第三条で、嘉永五年と同様に遅刻・欠席が誡められています。ただ、一時間以内の遅刻はお咎めなしというのは、現代の感覚からすると寛大なように思われます。無断欠席の罰が、過料ではなく、村のために奉仕労働をすることとなっているのも面白いところです。

以上の内容を、村役人から小前たちに言い渡し、小前一同がそれを承諾して、この議定書を村役人に差し出したのです。江戸時代の村人たちは、こうしたルールを自主的に定めて、規律ある共同生活を送っていたのです。

第三章　家を守る百姓たち――大熊家を中心に

・家を譲る契約

江戸時代の百姓たちが暮らしを守り発展させるためには、村と家という二つの組織がたいへん重要な役割を果たしました。第二章では、そのうちの村を取り上げましたので、本章では家について述べましょう。その際、本書の素材となる古文書を伝えてきた大熊家を中心に述べることとしますが、その前にほかの家の相続に関する事例をご紹介しましょう。

呼塚村（現千葉県柏市）の久右衛門の二男・富蔵は、大谷口村に移住して、直七と改名し、百姓を営んでいました。おそらく、大谷口村のどこかの百姓家に養子に入ったのでしょう。直七には子がいなかったため、文久二年（一八六二）三月に、弟の鉄五郎を養子にして家督を相続させ、自身は隠居することにしました。その際、直七（＝富蔵）と鉄五郎との間で取り決め書が結ばれました。そこには、

①　直七が所持する耕地と母屋、印鑑を伝右衛門（＝鉄五郎）に譲る
②　直七には負債はない
③　鉄五郎は伝右衛門と改名する
④　直七は、伝右衛門の住む母屋があるのと同じ敷地内に建つ物置で暮らす
⑤　伝右衛門は、直七に、毎月金二朱ずつ小遣いを渡す

といった取り決め内容が記されていました。

そして、この取り決め書には、直七・鉄五郎（＝伝右衛門）に加えて、隣家の安左衛門（やすざえもん）、立会人の与四郎（よしろう）、そして名主の大熊伊兵衛が署名しています。この取り決め内容は、直七と伝右衛門だけで決めたのではなく、両者の合意内容を隣家の安左衛門を通じて名主に届け出て、名主の承認を得てはじめて確定したのです。

①では、耕地・家屋に加えて、印鑑が家の相続人に譲られています。江戸時代の百姓たちは、正式な文書には署名とともに捺印もしました（ただし、今日のように朱肉は使わず、墨汁を付けて捺印したので、印影は黒くなります）。そして、印鑑は個人印ではなく、家の印だったので、相続の際には新しい戸主に譲られたのです。

このように、実子以外の者が家を相続するときには、相続内容を書面にして、立会人や名主にも確認してもらうことで、後日のトラブルを未然に防止したのです。

もう一例、上記の取り決め書に隣家として署名していた安左衛門家の相続をみてみましょう。安左衛門家は、八蔵（はちぞう）家の分家でした（図3）。幕末の安左衛門家は、本家である八蔵の二男・松治郎（まつじろう）が安左衛門と改名して家を継いでいました。ところが、家の経営状態が悪化したため、慶応四年（＝明治元年、一八六八）二月六日に、本家・親類・五人組の人たちが相談して、以下のことを取り決めました。

① 安左衛門は隠居して、聟（むこ）の米治郎（よねじろう）に家督を相続させる

② 米治郎は安左衛門と改名し、安左衛門は吉兵衛（きちべえ）と改名する

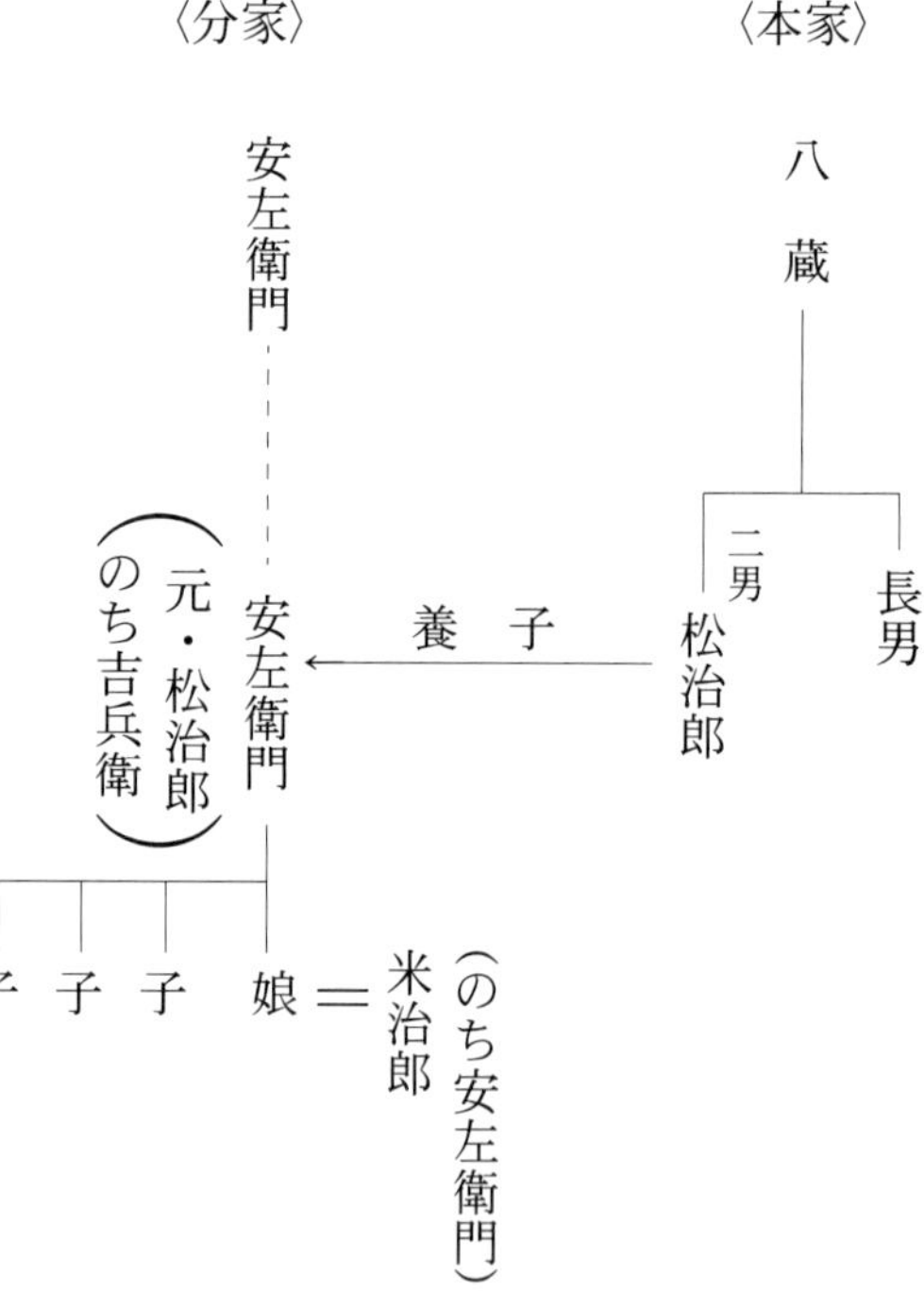

図3　八蔵家・安左衛門家系図

③　安左衛門家の所持耕地の四分の一と印鑑を、吉兵衛（＝先代安左衛門）から安左衛門（＝米治郎）に譲る

④　負債金額二〇両は、安左衛門（＝米治郎）と吉兵衛（＝先代安左衛門）が半分ずつ引き受ける

⑤　吉兵衛（＝先代安左衛門）の三人の子の処遇は、安左衛門（＝米治郎）が決定する

⑥　吉兵衛は、母屋から敷地内にある物置に移る

以上の内容は、両隣の家の戸主が村役人に届け出ました。そして、以上のことを記した議定書

（取り決め書）が、吉兵衛（＝先代安左衛門）・安左衛門（＝米治郎）・本家・親類・五人組の者たちから、名主大熊伊兵衛に宛てて差し出されています。大熊伊兵衛が、議定書の内容を最終的に確定・保証したのです。

これも、実子ではなく、新たに来た娘聟が家を相続した事例です。⑤にあるように、先代安左衛門には実子がいたのに、娘聟に家督を譲ったわけですが、そこには実子が女子だったとか幼少だったとか、家を継がせられない何らかの事情があったのでしょう。江戸時代には、家の当主は基本的に男性であるべきだとされていたのです。

安左衛門家の場合は家の経営が悪化していたため、より相続には気を遣ったことと思われます。また、相続によって、全財産が一気に安左衛門（＝米治郎）に譲られたわけではなく、その過半は当面吉兵衛（＝先代安左衛門）が所有し続けました。しばらくは安左衛門（＝米治郎）の人柄や働きぶりを見極めて、大丈夫ということになったら、残りの耕地も譲り渡す段取りになっていたのでしょう。

・家にかける百姓たちの思い

以上の二つの事例に共通することとして、次の二点をあげておきましょう。

第一は、家の相続が当事者だけの問題ではなく、隣家・本家・親類・五人組・村役人など多くの村人たちの協議・承認のもとに行なわれていることです。万一、相続人が家をしっかり継承できずに家を没落させたりしたら、それは当の家だけでなく、村全体に悪影響を及ぼします。村請制のもとでは、没落した家が本来負担すべき年貢は、ほかの村人たちが肩代わりして納入しなければならなかったからです。したがって、家の相続は村全体の関心事でした。そのため、多くの村人たちが相続人の資質や相続内容を確認・承認したうえで相続がなされたのです。

第二は、どちらの事例も、相続に際して当事者が改名していることです。現代人が一生同じ名前なのと違って、江戸時代の男性は一生に何回か改名するのが普通でした（百姓の女性は、逆に一生同じ名前であるほうが一般的でした）。子どものときには幼名（ようみょう）を名乗り、数え年一五歳前後で成人すると成人らしい名前に改名し、老年になって隠居するとまた改名したのです。

安左衛門家の場合は、家を継いだ安左衛門（＝米治郎）が、先代と同じ安左衛門と改名しています。つまり、家の当主が代々襲名しているのです。こうした襲名慣行は、今日でも歌舞伎の世界などでみられますが、江戸時代には一般の百姓たちも広く襲名を行なっていました。この場合は、成人名（米治郎）から当主名（安左衛門）へと、さらに改名されているわけです。

そこには、当主の名前は個人の名前ではなく、家の名前（家名）だという考え方がありました。江戸時代の百姓たちは家の永続をたいへん重視しており、百姓たちは当主が代々同じ名前を名乗ることによって、その家がずっと続いていることを他者に対して明示したのです。そこから、百姓たちの家の永続についての強い思いをみることができます。

・大熊家とはどのような家か？

ここからは、本書の主人公である大熊家の人々についてみていきましょう。

大熊家の表門

大熊家の言い伝えによれば、同家の先祖大熊膽平は戦国武将・高城氏に仕えていましたが、天正一八年（一五九〇）に豊臣秀吉が北条氏を攻め滅ぼした際に戦死したということです。残された娘の「義」とその男子二人は、上野国（現群馬県）や武蔵国（現埼玉県・東京都）を転々としたあとで大谷口に戻りました。そして、田畑を開墾し、寛永年間（一六二四～一六四四）には「義」の長男・新兵衛が正式に百姓身分になりました。大熊家では、「義」（寛文八年（一六六八）死去）を初代、新兵衛（元禄一五年（一七〇二）死去）を二代目としています。ただ、これだと新兵衛が不自然に長生きしたことになりますから、以上の言い伝えにはどこかに混乱があるのかもしれません。その後の歴代当主は、以下のとおりです。

三代惣左衛門・・・二代新兵衛の長男。享保二年（一七一七）死去。

四代伊兵衛・・・三代惣左衛門の長男。延享三年（一七四六）死去。

五代伊兵衛・・・四代伊兵衛の長男。天明七年（一七八七）死去。

六代伊兵衛・・・岩瀬村の松丸家に生まれ、五代目伊兵衛の長女「政」と結婚して六代目となる。天明元年（一七八一）死去。

七代伊兵衛・・・外河原村の中村家に生まれ、五代目伊兵衛の長女「政」の養子となる。寛政四年（一七九二）死去。

八代伊兵衛・・・大谷口村の池田家に生まれ、六代目伊兵衛の二女「千代」と結婚して八代目となる。文化一五年（一八一八）死去。

九代伊兵衛・・・八代伊兵衛の長男。幼名岩治郎。天保八年（一八三七）死去。

一〇代伊兵衛・・・文政三年（一八二〇）に大谷口村の池田家に生まれる。幼名与市。九代伊兵衛の二女と結婚して一〇代目となる。明治一九年（一八八六）死去。

一一代友造・・・九代伊兵衛の二男。幼名友二郎。一〇代伊兵衛の養子となり、一一代目となる。明治七年（一八七四）死去。

一二代小一郎・・・一一代友造の長男。


大熊家でも、四代以降、当主が代々「伊兵衛」という同じ名前を襲名しており、そうした慣行が明治になってなくなったことがわかります。

大熊家は、寛保二年（一七四二）に、田九反一一歩、畑四反四畝二〇歩、計一町三反五畝一歩、

石高一一石七斗九升五合の土地を所有していました。安政二年（一八五五）には、所有地の石高を二八石五斗三升に増やしています。これは、村内第二位の規模でした。ちなみに、トップは質屋も営む五右衛門の三五石二斗五升、第三位は組頭伝左衛門の二〇石九斗六升でした。

大熊家は、幕末・明治初年には、大谷口村の平蔵や伝左衛門らと協力して、干鰯・〆粕（いずれもイワシを原料とする肥料）の売買を行なっていました。それらを九十九里浜（房総半島の東海岸）や江戸で仕入れて、村内や近隣の村々に販売していたのです。さらに、酒造業や金融業も行なうなど、多角的な経営を営んでいました。政治的には、一九世紀に名主を務めました。同家は、政治的にも経済的にも、村の中心となる有力百姓だったのです。

・大熊家の年中行事

大熊家に伝わる古文書のなかに、「年中家礼日記行事」という文書があります。嘉永元年（一八四八）の一年間に、大熊家で行なわれた年中行事や儀礼を日記風に記したものです。以下に、この文書の内容を抜粋して示すことで、われわれも大熊家の一年を追体験してみましょう。なお、（※）をつけた語句については、その月の終わりに注釈をつけました。

一月

一日　　朝は七つ時（午前四時頃）に起きて、年男（※）が若水（※）を汲む。芋と大根の入った雑煮を拵えて、家内の神々に上げる。一緒に、御供え物・燈明・御神酒も上げる。それから、家族全員で村内の神々へ参詣し、年始回りをする。その際、大勝院と常真寺には米二升ずつ、東光院には銭一〇〇文を渡す。

二日も一日とほぼ同様。

四日　若木（※）取り（若木の採取）。

七日　朝、早起きして若水を汲む。「ひバ」（※）の入った御粥を家内の神々に上げる。村内の神々に参詣に行く。香取宮の「奉社」（※）で御神酒をいただく。

◇年によって日にちは不定だが、一月の最初の卯の日の卯の時（※）（午前六時頃）に早起きして、年徳神（※）へ御膳を上げる。

一一日　早朝に神々への御供え物を下げて、焼き雑煮をつくる。田畑への鍬入れ始め。蔵開き・臼起こし（※）もする。村内の神々へ参詣に行く。

一四日　朝、正月飾りを取る。餅を搗き、繭玉（※）にして木に刺し、家内の神々に差し上げる。柳花・にわとこ（※）花も同様にする。

一五日　朝、小豆粥に餅を入れ、ウツギの箸を添えて家内の神々に上げる。

一七日　神明宮の「御奉社」。番場組（※）が担当する。村人たちが御神酒をいただく。

二〇日　女体宮の「奉社」。根小屋組が担当する。夜は「えびす講」（※）を催す。休日。

二五日　朝、天神様（※）へ小豆団子を竹に刺して上げる。正月日（※）。

二六日　夜、東光院で女性たちの日待ち（※）がある。

二七日　正月日。

二八日　休日。不動明王の「奉社」がある。

年男・・・その年の干支（後述）に当たる男。

若水・・・一般的には、元日の朝に初めて汲む水。一年の邪気を除くという。「年中家礼日記行事」では、一月七日にも若水を汲むという記載がある。

若木・・・小正月の飾り木。小正月とは、一月（正月）一五日、あるいは一月一四日から一六日までのこと。

「ひバ」・・・干葉。干した大根の茎や葉。

奉社・・・歩射とも書く。「オビシャ」ともいう。新年を祝い、村内安全・五穀豊穣・子孫繁栄などを願う信仰行事。弓で的を射て、その年の作物の豊凶を占うこともある。

卯の日の卯の時・・・卯とは、暦法で用いる十二支(干支)の一つ。十二支とは、子・丑・寅・卯・辰・巳・午・未・申・酉・戌・亥のこと。年・日・時刻・方角などに、十二支を割り当てた。後述する二月の午の日なども、この考え方による。今日でも、年に十二支をつける習慣は続いている。

年徳神・・・その年の福徳をつかさどる神。この神の在る方角を恵方という。今日でも節分の日に恵方巻を食べたりする。

鍬入れ始め・蔵開き・臼起こし・・・いずれも、新年の仕事始めの行事。

繭玉・・・小正月の飾り物。柳・エノキなどの枝に多くの餅・団子などをつける。本来は、繭が豊かにできることを願って行なった。

大勝院

にわとこ・・・スイカズラ科の落葉樹。

番場組・・・大谷口村のなかの小単位。根小屋組も同じ。

えびす講・・・商売繁盛などを願って、恵比寿(えびす)を祭り、祝宴を開くこと。恵比寿は、七福神の一つ。

天神様・・・菅原道真の神号。学問の神とされる。

正月日・・・お正月のように、仕事を休んで楽しく過ごす日のことか。

日待ち・・・前夜から寝ずに日の出を待って拝むこと。飲食をともなうことも多く、村人たちの交流・歓談の場ともなった。

二月

一日　休日。朝早く神々に参詣する。

◇年によって日にちは不定だが、二月の最初の午の日が初午(はつうま)（※）である。この日は稲荷祭り(いなりまつ)で、赤飯や「むきみ」（アサリなどの貝殻を取り去り、中の肉だけにしたもの）を食べ、幟(のぼり)を上げる。休日。また、「初午上(あが)り」の日も休日である。

◇二月の最初の申(さる)の日は休日。

八日　辻切（※）のため休日。夜は節句（※）。
一三日　大杉様（※）の祭礼。大勝院で釈迦の涅槃の儀式（※）があるため休日。大勝院に、餅米五合、銭一〇〇文を上げる。
一五日　休日。
二一日　休日。種卸し（※）。

初午・・・二月の最初の午の日。京都の伏見稲荷大社の神が降りた日がこの日であったといい、全国で稲荷社の祭りをする。

辻切・・・辻とは複数の道が交わる場所で、異世界との境界、霊的な場と考えられた。辻切とは、悪霊や病気が村に入るのを防ぐために行なった民俗行事。村道の村境の場所に注連縄を張ったりする。

節句・・・特別の行事を行なう日。または、骨休め・楽しみ。

大杉様・・・大杉大明神のこと。本社は現茨城県稲敷市にある。「あんばさま」といわれ、水上交通の神などとして信仰を集めた。

釈迦の涅槃の儀式・・・涅槃会のこと。釈迦入滅（死去）の二月一五日に合わせて、釈迦の遺徳を追慕するために行なう法会。

種卸し・・・稲の種籾を苗代にまくこと。

三月

二日　夕方、草餅を搗く。翌三日の節句を祝うためである。

一五日　「梅若様」（※）のため休日。

一九日　大勝院で、弘法大師（空海）の命日の儀式がある。燈明料として銭一〇〇文を上げる。

梅若様・・・梅若忌。梅若丸の忌日である三月一五日に行なう法要のこと。梅若丸は、謡曲「隅田川」の登場人物で、浄瑠璃・歌舞伎にも登場する。人買いに誘拐されて東国に下り、隅田川畔で病死した。

四月

八日　釈迦の誕生日のため休日。草餅を搗く。

二一日　田植え始めの祝い。

五月

四日　夕方、餅を搗き、柏餅を拵える。菖蒲も用意する。翌日の端午の節句の準備である。

五日　神々に参詣する。休日。

◇年によって日にちは不定だが、「さなぶり」（※）の休日が三日ある。その初日に祝儀のために餅を搗く。

神明神社（神明宮・神明社）

さなぶり・・・早苗饗（さなぶり）。田植えを終えた祝い。

六月

一三日　例年は大杉様の祭りの日だが、今年は延期。

二〇日　石尊講（せきそんこう）（※）の「鬮（くじ）ぬき」のため休日。

二六日　石尊山（せきそんさん）の御燈明を始める。

二七日　朝、小麦の餅を作り、神仏へ上げる。

石尊・・・神奈川県中部の大山（おおやま）の頂上にある神社に祀られている雨乞いの神。石尊講は、石尊を信仰する人たちの結社。「鬮ぬき」とは、石尊講のメンバーを代表して大山に参拝する人をくじ引きで決めることか。

七月

一日　釜の蓋が開く（※）。

七日　七夕（たなばた）の節句。

一三日～一六日　お盆（※）。盆棚（ぼんだな）（※）を作り、お参りする。

一七日　大勝院で施餓鬼（※）がある。
一九日　常真寺で施餓鬼がある。

釜の蓋が開く・・・「（地獄の）釜の蓋が開く」とは、地獄で罪人を釜で煮ている鬼も、お盆には仕事を休むという意味。ここでは、お盆が近いことを指すか。

お盆・・・盂蘭盆の略。先祖の霊を供養する仏教行事。七月一三日～一五日を中心に行なわれ、種々の供物を先祖の霊に供えて冥福を祈る。このとき、人々は墓参を行ない、僧侶は檀家の家々を回って読経する。

盆棚・・・お盆に先祖の霊を迎えるために家内に設ける棚。

施餓鬼・・・飢餓に苦しんで禍をなす鬼や無縁の亡者の霊に飲食を施す法会。

八月

一五日　月見のため、ススキ・オミナエシ・サトイモ・栗を供える。
八月下旬　大勝院から「正五九守」（お守りか）をもらう。御初穂（※）として銭三二文を上げる。
初穂・・・その年初めて収穫した穀物を、神仏に奉るもの。また、その代わりに神仏に捧げる金銭・食物・酒など。

九月

九日　　節句（※）なので、餅を搗く。

一三日　夜、月見。ススキ・オミナエシ・サトイモ・栗などを供える。

一五日　夜、餅を搗く。祭りの仕度である。

常真寺

一六日　　祭りの仕度をして、朝を待って出かける。神明宮に幟を立てる。

一七日　神明宮の祭礼。

一八日　朝、幟を仕舞う。昼から休日。

晦日　　竈の団子を拵えて、荒神様（※）へ上げる。

節句・・・九月九日は、五節句の一つ、重陽の節句である。菊の節句ともいう。

荒神・・・三宝荒神の略。竈の神。

一〇月

一一日　東光院で、村の中夜（※）がある。

一五日　常真寺で御会式（※）がある。休日。

二〇日　えびす講がある。

御会式・・・日蓮宗で、宗祖日蓮の忌日（一〇月一三日）に合わせて営む法会。
中夜・・・午後一〇時から午前二時頃の間。ここでは、この時間帯に行なう信仰行事のことか。

一一月

四日　初大師（はつだいし）（※）祝い。
一四日　二番大師祝い。
晦日　花よごし。祝餅（いわいもち）を搗く。

初大師・・・その年の初めての弘法大師の縁日。

一二月

八日　朝早く、年男が初水を汲んで、神酒徳利（みきとっくり）に水を入れて、火除（ひよ）け祭りをする。煤払（すすはら）いもする。
一五日　奉公人の出替（でが）わり（※）の日。朝・昼から、奉公人を実家に帰す。

出替わり・・・男女の奉公人が雇用期間を終えて交替すること。

・休日は村が決める

以上みた大熊家の年中行事のなかには、休日が何日か出てきました。ここにあげられた休日は信仰行事等に関連した休日ですので、休日はこれ以外にもあったと思いますが、それらはいずれも村で定めた休日でした。ここで、江戸時代の休日について簡単に触れておきましょう。

江戸時代の村人たちは、日々農作業に勤(いそ)しんでいました。ただし、農作業の日程は、それぞれの家がまったく自由に決められたわけではありません。村人たちは、肥料となる草や木の枝を、村の共用林野である入会地(いりあいち)や自家の持山で採取していましたが、入会地に入ってよい期間は村で定められていました。

また、田植えの際には、村人たちは結(ゆい)と呼ばれる労働力の相互提供をして効率的に作業を進めましたから、田植えの日取りは結をつくる家々（労働力を融通し合う家々のグループ）で相談して決めました。さらに、村の中の道や橋の修繕も村人自身が行なったので（今日のように国や地方自治体がやってくれるわけではありません）、村人たちが相談して、全戸総出の共同作業日を設定しました。

このように、村人たちは、入会の林野の利用可能期間、田植えの時期、道・橋の普請(ふしん)（土木工事）の共同作業日など、年間の労働スケジュールを相談して決めていました。各家の農作業は、村で決めた年間スケジュールに合わせて行なわれていたのです。

けれども、労働の合間には休養も必要です。江戸時代には、農作業のスケジュールのかなりの部分を村人たちが相談して決めていたのと表裏の関係で、農作業を休む日（江戸時代には「遊び日」

といいました）も各村でそれぞれの事情に合わせて決めていました。どこの村でも元日などは共通して休みましたが、それ以外の休日は村ごとに異なっていたのです。法律で定められた「国民の祝日」といったものはなく、隣り合う村同士でも休日は異なっていました。休日は、村ごとに、従来からの慣行とその年の実情に応じて、自律的・主体的に決められていたのです。

休日の具体例として、大谷口村の隣村・幸谷村の場合をみてみましょう。明和四年（一七六七）に幸谷村で定められた村掟の中には、次の一か条がありました。

一、「遊び正月」は、春は日待に三日、種蒔に三日、摘田に三日、田植えに三日、盆後に三日、そして馬繕い（馬の手入れ）に四季ともに一日ずつとする。それ以外に、神事・仏事と、毎月一日・一五日の休みはこれまでどおりとする。万一、「正月」のうちにやむを得ない事情で働く者がいても、互いにあれこれと非難したりしない。

冒頭の「遊び正月」とは、「遊び日」、すなわち農作業を休む休日のことです（元旦には限りません）。幸谷村では、毎月一日と一五日は休みで、鎮守（村の守り神）の祭礼など神仏の行事がある日も休日でした。それに加えて、春の日待、種蒔、摘田、田植え、盆後、馬繕いなどの際に休日が設けられています。

摘田とは、水の溜まりやすい水田（湿田）などで、別に苗代を作らず、田にじかに籾を蒔き、苗になってから多すぎる所を適宜に間引きする田のことです。幸谷村には一部にこうした摘田があり、そこでの農作業が一段落したところで三日間休むのです。

摘田ではなく、苗代から苗を移植する田に関しては、苗代への播種(はしゅ)と田植えの後にそれぞれ三日ずつ休みが設けられています。

また、馬繕いに充てるため、春夏秋冬各一日ずつが休みとされています。

このように、幸谷村の村人たちは、毎月一日と一五日の定例休日と、信仰・農作業の日程に即した休日とを組み合わせて、一年間の生活にメリハリをつけていたのです。

加えて、休日に働く者を非難しないこととされています。働くべき日に怠けている者が非難されるのは当然ですが、逆に村全体で決めた休みの日に、自分だけ働いている者が批判されることもあったのです。それを、やむを得ない事情（農作業の遅れなど）がある場合は大目に見ようというのです。

・大熊家一〇代目伊兵衛の一生

ここまで、嘉永元年（一八四八）における大熊家の年中行事についてみてきました。これは、大熊家一〇代目伊兵衛の時代のことです。こうした年中行事は、嘉永元年に限らず、若干の変化はありつつも、一九世紀前半から半ば過ぎまでは、基本的に毎年繰り返されていたものと思われます。村人たちは、一年単位で循環する時間の中で生きていたのです。

その一方で、当然ですが、すべての人は生まれてから死ぬまでの一回限りの不可逆的な時間の中をも生きています。循環する時間と一方通行の時間、百姓たちはこの両方を合わせ生きていたわけです。そこで、今度は一回限りの人生のほうをみていきましょう。取り上げるのは、大熊家一〇代目伊兵衛の生涯です。彼は、自らの人生行路を記録に残していますので、以下それをご紹介していきます。

彼は、自身の生い立ちを次のように述べています。

私は、文政三年（一八二〇）六月九日生まれです。父は大谷口村の池田庄八（しょうはち）、母は小金町の直井（なおい）権右衛門（ごんえもん）の娘で、私は二人の二男として小金町で生まれました。幼名を、与市（よいち）といいました。父は、私が生まれた文政三年の三月二八日に病死しました。そのとき、私はまだ母の胎内にいたのです。私が生まれたあとで、母は大谷口新田（しんでん）の大井庄蔵（しょうぞう）と再婚しました。

文政一〇年に、私は数え年で八歳でしたが、弟たちの子守りばかりしていました。ぼろの着物を着て鼻を垂らしていたため、家族からは「馬鹿、馬鹿」と言われましたが、言い返すことができませんでした。しかし、内心には深く期するところがありました。

私が九歳になった年の二月の初午の日に、小金町の日暮又左衛門（ひぐらしまたざえもん）様の筆子（ふでこ）（寺子屋師匠の教え子）になって、手習いを始めました。けれども、私は手習いが嫌いでした。

一〇歳のとき（文政一二年）、養父（大谷口新田の大井庄蔵）と母が相談して、私を平賀村（ひらがむら）の寺院・輪蔵院（りんぞういん）に弟子入りさせようということになりました。私には実父がいないため、出家させられそうになったのです。私は、父母に面と向かって断ることができませんでした。そこで、輪蔵院の住職が弟子入りの相談をしに家に来たとき、木の上に登って住職が帰るまで隠れていました。そのため、弟子入りの件は破談になりました。そして、相変らず子守りばかりしていました。

文政一一年に、大谷口村では、名主清右衛門が辞任しました。後任には大熊家の第九代当主の伊兵衛（それまでは組頭）と五右衛門が就任し、五右衛門が同年の年番名主になりました（年番名主とは、名主二人が一年交替で就く、村の最高責任者）。

私は、一一～一三歳（天保元～三年〈一八三〇～一八三二〉）のときも、手習いをしつつ、それよりも子守りのほうに時間を費やしていました。

私が一四歳だった天保四年に、人生の転機が訪れます。二月七日に、大谷口村の大熊家に養子入りしたのです。第九代当主伊兵衛の養子になったわけです。私は、早速、大熊家で百姓仕事を始めました。馬を牽いたり、草刈りをしたりしました。小金町の日暮又左衛門様のところでの手習いは卒業しましたが、代わりに、二月から、大谷口村の伝左衛門の子・勝治郎と二人で、夜間の自習を始めました。三月でいったんやめて、冬にまた再開しました。九月には、柴又の帝釈天と浅草の観世音に参詣しました。

一〇代目伊兵衛（当時は与市）は、大熊家に養子入りするまでの少年時代について、このように記しています。当時の大熊家は九代目伊兵衛が当主で、彼には文政一〇年に生まれた長男の伊之助がいましたが、彼は天保四年一〇月に死去しています。与市が養子になった八か月後のことです。もしかしたら、伊之助が病弱もしくは病気療養中だったため、当主の伊兵衛が万一のことを考えて、与市を養子にしたのかもしれません。また、一四歳の四月以降、勝治郎との自習をやめたのは、農繁期に差し掛かったからでしょう。

以下、与市やその周辺の毎年の出来事を年表風に記してみましょう。

一五歳（天保五年〈一八三四〉）

与市は、一月一日から年始の挨拶回りをしています。これは、彼が大熊家の後継ぎとなったことを村中にお披露目（ひろめ）する意味もあったのでしょう。以後、彼は、養父で名主の伊兵衛を助けて、家業に携わりつつ、夜は学習に励んでいます。江戸時代には、数え年一五歳で成人とみなされましたから、以後は彼にも一人前の働きが求められたのです。三月二八日には、成田不動尊（成田山）に参詣しました。冬からは、そろばんを習い始めています。

一六歳（天保六年）

養父伊兵衛が江戸の領主・土屋家の屋敷に出向いていた留守中の二月六日に、大谷口村で火事がありました。昼に、安左衛門（やすざえもん）家の馬屋から出火し、ほかの家々にも燃え広がったのです。火事のことは江戸の伊兵衛に知らせましたが、もちろん即刻駆け付けるというわけにはいきません。養母の「次（つぎ）」（外河原村の中村与市の長女）が妊娠中だったこともあって、与市は家にあった村の重要書類を持ち出して安全な場所に移し、鎮火するまでずっと番をしていました。後日帰宅した伊兵衛は、小金町に金（きん）二分（ぶ）の礼金を渡しています。

一般的に、江戸時代には村役場という固有の施設はありませんでした。名主の私宅が、村役場を兼ねていたのです。公私が未分離だったということです。そのため、名主の家には、年貢の割当て・徴収・上納や、領主からの通達、領主への届け出・願い出などに関する村の公文書が多数保管されていました。

大谷口村の場合も同様です。当時、養父の伊兵衛は、五右衛門とともに名主でしたから、伊兵衛家にはたくさんの公文書がありました。それらが焼失してしまっては、以後の村運営に大きな支障を来(きた)すことになります。そこで、留守宅を任されていた与市は、真っ先に村の重要公文書を守ったのです。名主家の後継ぎとしての自覚に基づいた行動でした。村々のなかには、火災などの非常時にすぐに持ち出せるように、名主が日頃から自宅にある重要書類を背負い紐の付いた木箱に入れて保管しているところもありました。

また、伊兵衛が後日小金町に礼金を渡しているのは、小金町の人たちが消火活動の手伝いに駆け付けてくれた御礼でしょう。江戸時代の人々は、近隣の村・町に火災などの非常事態が発生したときには、すぐに救援に駆け付けるのが普通でした。江戸時代の村には、現代のような公的な消防体制はありませんでした。一一九番通報すれば、すぐに消防車が出動してくれるといったことはなかったのです。そうした公的制度の未整備を、近隣の助け合いによってカバーしていたのです。

二月一二日には、養母「次」に男の子が生まれました。与市の義理の弟になります。のちに、与市（一〇代伊兵衛）の養子になって、一一代目を継ぐ友治郎(ともじろう)（友二郎）です。また、七月三日に、与市は三人連れで、大山の「石尊」へ参詣に出かけています。

一七歳（天保七年）

天保七年は、冷夏で雨が多くて、農作物は不作でした。この年は、東北地方を中心に全国的に「天保の飢饉」といわれる大飢饉になりましたが、大谷口村もその例外ではなかったのです。そのため、米価は高騰しました。

そうしたなかでも、与市は二月一九日に結婚しました。妻は、大熊家九代伊兵衛の二女「辰」（文政三年〈一八二〇〉生まれ）で、与市と同い年でした。以後、与市はますます自覚をもって家業に励むようになります。八月には、相馬郡の八十八か所霊場（四国八八か所霊場を模した、八八か所ある弘法大師の霊場）を参詣しています。

二月には、養父の伊兵衛が、土屋家から中小姓格を与えられて、土屋家の江戸屋敷での御用を勤めるようにと仰せ付けられました。中小姓とは小姓の一種です。小姓は、主君の身辺に仕えて、日常の雑務を務めたり、身辺警護に当たったりする武士の役職です。伊兵衛は、中小姓という格式を与えられたわけです。ただし、伊兵衛はあくまで中小姓格という、武士に準じる格式を与えられただけで、正式に中小姓になったわけではありません。それまでどおり、百姓身分の名主として、大谷口村の運営に当たりました。

一八歳（天保八年）

五月一〇日に、九代伊兵衛が病死しました。享年四二歳。九代伊兵衛は死去したとき現職の名主でしたので、以後は年寄（名主に次ぐ地位の村役人）安右衛門が名主の職務を代行しました。伊兵衛の働き盛りでの死は、大熊家の人々にとって大きなショックだったようで、与市は「まことに難渋した」と記しています。

天保八年も飢饉が続いて、米価が高く、あちこちで「悪病」が流行しました。飢饉による食糧不足で人々の体力が低下したこともあって、伝染病が蔓延（まんえん）したのでしょう。伊兵衛の病死も、飢饉の影響かもしれません。大熊家の親類や大谷口村の村人のなかにも死者が出ました。

九代伊兵衛の死に先立って、天保七年には、もう一人の名主・五右衛門も辞職していました。ここに、文政一一年（一八二八）以来約一〇年続いた、五右衛門・伊兵衛の二人名主体制は終わりを告げたのです。こうした村政の転換期に当たって、飢饉によって困難な状況に置かれていた村人たちは、それまでの名主二人による村運営に厳しい視線を向けました。五右衛門・伊兵衛が、それまで不適切な村の財政運営を行なっていたのではないかと疑惑を抱いたのです。

その不満は、天保八年一一月に表面化しました。年寄安右衛門と百姓代の吉蔵（きちぞう）・紋蔵（もんぞう）らが村人たちの先頭に立ち、五右衛門・伊兵衛の不正を疑って、領主の土屋家に訴え出たのです。このとき、五右衛門はなお存命でしたが、伊兵衛は死去していたため、跡を継いだ与市が訴訟の矢面（やおもて）に立たざるを得ませんでした。彼は、大熊家の当主になって早々に、村人たちと対立するという難しい立場に置かれたのです。

一九歳（天保九年）

なお、与市は、九月に成田不動尊に参詣しています。

昨年からの村人たちとの争いは、仲裁者が入って、六月に和解が成立しました。与市も、ホッとしたことでしょう。和解内容については、一二七ページ以降で詳しく述べます。

六月二日には長女の「初」が生まれましたが、二日後の六月四日に死去しました。江戸時代は、乳幼児の死亡率が非常に高かったのです。三月一日と一二月二五日には、成田山へ参詣に出かけています。七月二日には「石尊様」の参詣に出発し、六日に帰宅しました。翌天保一〇年以降の寺社参詣の記事は、七六ページ以降にまとめて記します。

二二歳（天保一二年）

一一月に、天保六年に生まれた、九代伊兵衛の子・友治郎の「帯祝儀」（帯解き。幼児がそれまでしていた付帯をやめて、初めて帯を用いる祝いの儀式）をしています。

二四歳（天保一四年）

三月に、土屋家から組頭に任命されました。このとき、与市は初めて村役人になったのです。村の有力百姓家当主の責務として、村運営を担う立場になったわけです。

二五歳（天保一五年＝弘化元年〈一八四四〉）

一月に、与市は土屋家から年寄役に任命されました。さらに、一二月一〇日に、養母の「次」から「身上」（家の財産）を受け取っています。先代の伊兵衛が病死したのは天保八年五月です。その時点で与市が大熊家を相続することは決まっており、実質的にはそれ以降与市が当主として家の経営を担っていましたが、彼はすぐに家の全財産を正式に譲られたわけではありませんでした。しばらくの間は、先代伊兵衛の妻で与市の養母である「次」が大熊家の財産を管理していたのです。そして、先代伊兵衛の死から七年半が経った天保一五年一二月になって、もう与市に財産を譲っても大丈夫だと判断したときに、「次」は与市に「身上」を渡したのです。ここにみられるように、当主の急死という家の非常時においては、当主の妻の果たす役割がとても重要でした。彼女には、養子に確実に家をバトンタッチする重大な責任があったのです。

「身上」を渡されたとき、与市は、村の鎮守（守り神）三社に鰐口（わにぐち）（社殿正面の軒下につるす金属製の音響具。参詣者は、布で編んだ綱を振り動かして打ち鳴らす）を奉納し、「不動様」へは御膳道具一式を奉納しました。また、年寄の安右衛門をはじめとする村役人たちには酒食を振る舞いました。村の神仏と村の代表者たちに、自分が名実ともに大熊家の当主になったことを披露し、神仏には加護を願い、村役人たちには指導を頼んだのでしょう。このときから、与市は完全に大熊家の第一〇代当主伊兵衛になったといえるので、以下では与市のことを伊兵衛と表記します。

二七歳（弘化三年）

名主安右衛門（年寄から昇格）が体調不良のため、彼が全快するまで、伊兵衛が代わって、江戸での土屋家の御用と大谷口村での用向きを務めるよう、土屋家から命じられました。

三〇歳（嘉永二年〈一八四九〉）

三月一〇日に、養母「次」が死去しました。享年五二歳。三月には、小金牧で将軍の鹿狩が行なわれ、伊兵衛も動員されました。

牧とは、幕府直営の馬の放牧場です。下総国の内陸部の台地には、牧が広範に存在していました。大谷口村の近くにあったのが小金牧です。牧の周辺の村々は、牧の維持・管理のためにさまざまな負担を負わされました。村々の負担には、放牧している馬を捕まえる際に捕獲場所に追い込むための労働力を出したり、野馬除土手（馬が牧内から逃げ出さないように、牧の周囲に築いた土手）を維持・修復したりする役目がありました。

小金牧を描いた浮世絵（歌川広重「冨士三十六景　下総小金原」、松戸市立博物館所蔵）

鹿狩とは、徳川将軍が牧で行なった狩猟です。武士たちが、槍や弓で、鹿・猪・ウサギなどを仕留めたのです。小金牧では、享保一〇年（一七二五）、同一一年の八代将軍徳川吉宗の鹿狩、寛政七年（一七九五）の一一代将軍徳川家斉の鹿狩、嘉永二年の一二代将軍徳川家慶の鹿狩が行なわれました。鹿狩のときに

嘉永２年（1849）の鹿狩を題材にした錦絵　楊洲周延
「千代田之御表　小金原牧狩ノ図」（松戸市立博物館所蔵）

は、牧周辺の百姓たちは、事前に放牧中の馬を囲いの中に追い込んだり、鹿・猪などの獲物をあらかじめ狩猟場内に追い立てたりしました。鹿狩当日には、獲物の追い立てをはじめ、さまざまな仕事に大勢の百姓たちが動員されたことは言うまでもありません。

三二歳（嘉永四年）

一月に名主の安右衛門が退職したため、二月に伊兵衛が名主になりました。村の最高責任者になったわけです。このとき村の執行部は、名主が伊兵衛、年寄が伝左衛門、組頭が八蔵と五右衛門、百姓代が弁蔵・与左衛門・安左衛門という体制になりました。

三四歳（嘉永六年）

二月二八日に、「糸」が伊兵衛の養女になりました。「糸」は、栗ケ沢村の宇佐美辰之介の二女で、天保一一年生まれでしたから、嘉永六年には数え年一四歳でした。

七月に、伊兵衛が中小姓格次席の格式を与えられ、苗字を名乗ることと、裃（かみしも）の着用を許可されました。

江戸時代の百姓たちは一般に苗字をもっており、村内では苗字を名乗ることもありましたが、公的な場面で名乗ることはできませんでした。領主に提出する公的文書などに、苗字を記すことはできなかったのです。日常的に苗字を名乗れたのは、武士など上層の身分に属する一部の人たちだけでした。ですから、伊兵衛が公的に苗字を名乗ることを許されたということは、武士に準じる格式を付与されたことを意味しています。

また、裃とは武士の礼装です。ですから、裃の着用を許可されたということは、武士に準じる格式を付与されたことの目に見える証（あかし）だといえます。

ちなみに、養父の九代目伊兵衛も、天保四年一二月に、苗字を名乗ることと裃の着用を許可されています。

三六歳（安政二年〈一八五五〉）

二月に、友治郎と「糸」が結婚しました。友治郎は天保六年に九代目伊兵衛の子として生まれ、安政二年には数え年で二一歳でした。一〇代目伊兵衛に男子がいなかったため、友治郎はのちに一〇代目の跡を継いで、大熊家の第一一代当主になります。「糸」は、この年数え年一六歳でした。

友治郎・「糸」の夫婦は、二人とも一〇代目伊兵衛の養子というかたちになります。友治郎は九代目伊兵衛の実子でしたから、九代目の養子になった一〇代目伊兵衛とは義理の兄弟です。ただ、代々、親が子に家を継がせていくというかたちをとるために、友治郎・「糸」夫婦をともに一〇代目伊兵衛の養子にしたのです。一一月二一日には、友治郎と「糸」の間に長男の小一郎が生まれました。小一郎は、のちに大熊家の第一二代当主になります。

八月一一日には、領主の土屋家から、伊兵衛と伝左衛門に「格式」が下されました（具体的内容は不明）。

ただし、安政二年はめでたいことばかりではありませんでした。一〇月二日の夜一〇時頃、大地震が起こったのです。伊兵衛は、地震のとき、公用で小金町にいて夕食中でしたが、取る物も取りあえず走って帰宅しました。すると、自宅は破損し、あちこちで火災が発生していました。このとき、江戸の本所（ほんじょ）にあった土屋家の屋敷は倒壊しています。

このときの地震は「安政の大地震」といわれ、関東地方南部で発生したマグニチュード七クラスの地震でした。江戸の被害は甚大で、隅田川（すみだがわ）東岸の深川や浅草の吉原などでは震度六弱以上の揺れが発生したと推定され、甚大な被害が生じました。倒壊家屋は一万四三四六戸、死者は一万人前後と推定されています。

三九歳（安政五年）

七月二二日に、友治郎・「糸」夫婦に、二男岩二郎（いわじろう）が生まれました。岩二郎は、大谷口村の池田豊太郎（とよたろう）の養子になっています。

九月には、伊兵衛が、名主役を精勤し、村内をよく治めてきたということで、土屋家から以後生涯にわたって毎年米三俵ずつ（一俵は四斗入り）を支給されることになりました。同時に、「給人格次席・御勝手向御用掛り」に任じられています。

給人とは、領主から給地（知行地・領地）を与えられた家臣のことです。ただし、このとき伊兵衛に与えられたのはあくまで格式（「給人格次席」）であって、伊兵衛が領地を与えられて本当の給人になったわけではありません。また、「御勝手向御用掛り」とは、土屋家の財政（「御勝手向」）に関する御用を務める役職です。こちらは、名目ではなく、伊兵衛は実際に土屋家の財政を切り盛りする職務を命じられたのです。このころ、土屋家の財政はたいへん厳しい状況にありました。この点については、次章で詳しく述べます。

四〇歳（安政六年）

三月に、土屋家から、名主勤役中に使用するようにということで、法被（背などに印を染め抜いた半纏〈上着〉）と弓張提灯（提灯の一種）を下付されました。

四二歳（文久元年〈一八六一〉）

一月に、伊兵衛が、土屋家から給人役を命じられ、土屋家の御用を務めることになりました。名主役は、そのまま勤続です。さらに、一二月には、用人役を命じられ、以前からもらっていた米三俵に加えて、米二俵を加増され、合わせて五俵の扶持（家臣に与える俸禄〈給与〉）をもらうことになりました。翌文久二年からは、この五俵を、大谷口村から納める年貢のうちから伊兵衛が引き

伊兵衛に法被と提灯を下付する旨を伝える、土屋家の「下知（げち）」（指令書）（松戸市立博物館所蔵。大熊家文書）

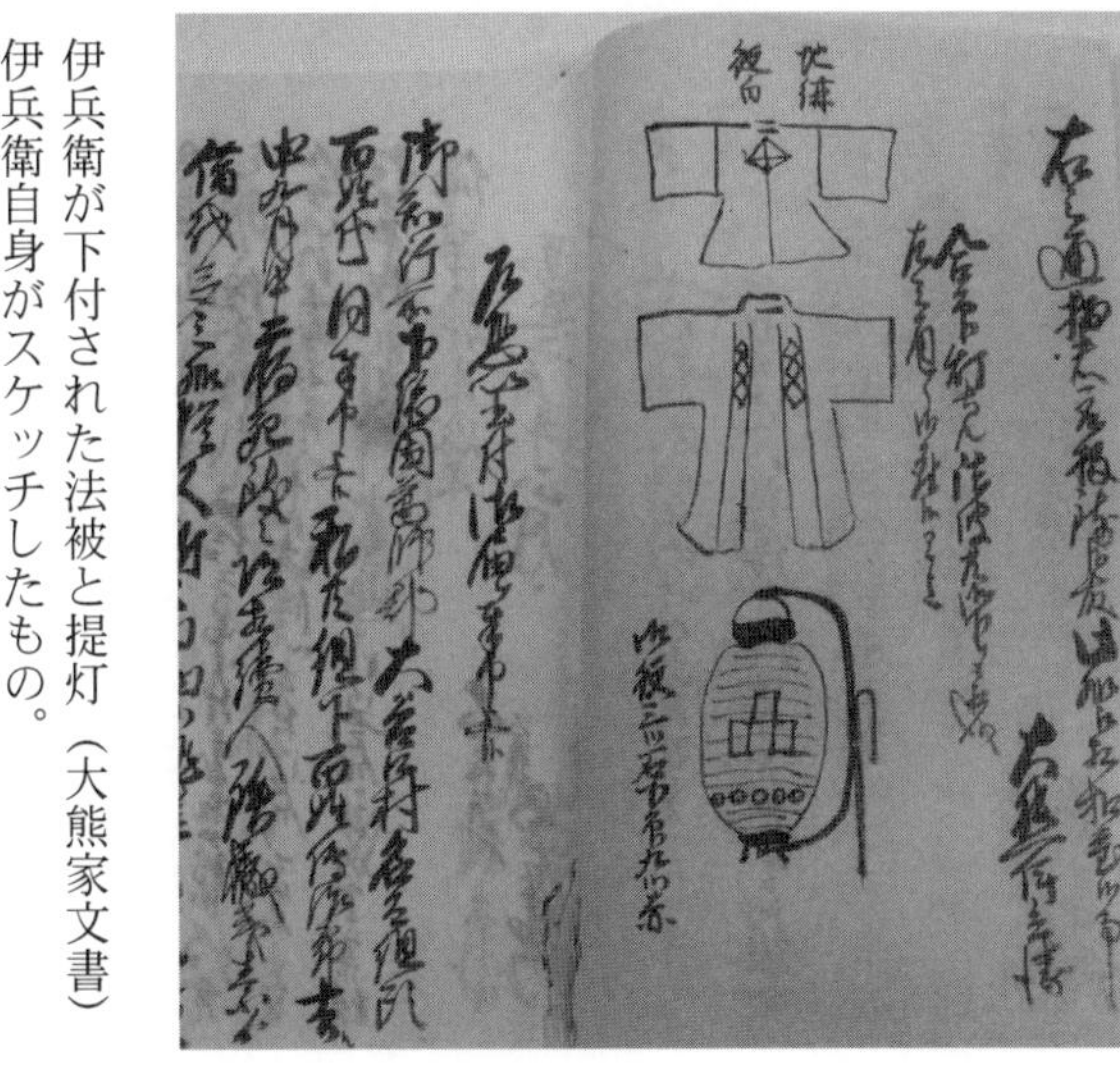

伊兵衛が下付された法被と提灯（大熊家文書）
伊兵衛自身がスケッチしたもの。

取ってよいとされたのです。

　ここで伊兵衛が任じられた給人や用人というのは、それまでのような単なる格式ではありません。このとき、伊兵衛は武士身分に登用されたのです。ただし、給人といっても、土屋家からどこかに知行地を与えられたわけではなく、ここでの給人とは武士の身分呼称の一つでした。また、用人とは、旗本の財務や家政全般を取り仕切る家臣のことです。ここに至って、伊兵衛は、土屋家の正式の家臣として、同家の家政全般を扱う立場に抜擢されたのです。

また、文久元年には、友治郎・「糸」夫婦に、長女「万（まん）」が生まれました。けれども、「万」は、翌文久二年八月四日に数え年二歳で死去してしまいました。

四四歳（文久三年）

友治郎・「糸」夫婦に、三男与四郎（よしろう）が生まれましたが、一〇月一三日に死去しました。江戸時代は、医学の未発達などのために、乳幼児が無事に成人することが本当に難しい時代でした。孫を相次いで亡くした伊兵衛の悲しみはさぞ深かったことでしょう。

一一月には、伊兵衛が近年頻繁に土屋家の江戸屋敷に詰めて御用を務めているということで、その手当として、名主在任中は毎年米五俵ずつを大谷口村が納める年貢米のうちから引き取ってよいことになりました。毎年米五俵の扶持米（ふちまい）支給をあらためて認められたのです。江戸での用人の職務と、大谷口村での名主の仕事を掛け持ちすることは、さぞ大変だったろうと思われます。

四五歳（元治（げんじ）元年〈一八六四〉）

伊兵衛は、嘉永四年に三二歳で名主になって以降、元治元年まで一四年間、名主を勤続してきました。嘉永四年に組頭から年寄になった伝左衛門も、元治元年まで年寄を続けています。一方、その間、組頭や百姓代には入れ替わりがありました。

四六歳（慶応元年〈一八六五〉）

三月に、伊兵衛は、土屋家から、用人役と名主役を兼務していては不都合があるということで、名主役を免除され、代わりに知行所七か村取締役に任命されました。やはり、用人役と名主役の兼務には無理があったのでしょう。年寄の伝左衛門が、後任の名主になりました。また、知行所七か村取締役とは、土屋家の知行所村々全体を統括する役職です。

五月には、土屋家の当主馬之丞が、将軍徳川家茂に従って、大坂に向けて出発しました。長州藩（萩藩）と戦うための出陣です。伊兵衛もそのお供をすることになりました。武士身分になった以上、戦陣への従軍も義務となったのです。このときの伊兵衛の大坂行きについては第五章で述べます。

四八歳（慶応三年）

伊兵衛は、慶応元年以降長らく大坂・京都に滞在していましたが、三月一日にようやく帰宅することができました。彼は、帰村後も用人並（用人と同等の待遇）とされ、それまで手当として支給されていた一人扶持（一人分の扶持＝米五俵）はそのまま継続支給となりました。ただし、知行所七か村取締役は免除されました。

九月二二日には、慶応二年に友治郎・「糸」夫婦の間に生まれた四男喜五郎が死去しました。数え年二歳でした。伊兵衛は、また孫を失ったのです。この時点で、伊兵衛の五人の孫のうち、三人が死去し、二男の岩二郎（いわじろう）は他家へ養子に行っていたため、大熊家に残っているのは長男の小一郎（こいちろう）だけでした。

一〇月には、一五代将軍徳川慶喜（よしのぶ）が朝廷に政権の返上を申し出て、朝廷がそれを受理したため、ここに二六〇年余にわたる幕府の全国統治は終わりを告げました。その後、明治になっても伊兵衛の人生は続きますが、本書で扱うのは江戸時代までですので、明治以降については省略します。

・伊兵衛と家族の旅の履歴

ここで、天保一〇年以降の、伊兵衛や家族の旅の履歴をまとめてあげておきましょう。二〇代から三〇代前半にかけて、伊兵衛や家族が頻繁に旅をしていることがわかります。その多くは、寺社参詣でした。富士登山も、信仰のための登山だったのです。これらは、信仰と娯楽を兼ねた旅であり、見聞を広める旅でもありました。

伊兵衛の年齢	本人・家族の旅の行き先
二〇歳（天保一〇年）	一月　成田不動尊
	二月　大相模（さがみ）不動尊
二一歳（天保一一年）	三月三日　成田山
	三月二一日　相馬八十八か所（霊場は主に現取手市・我孫子市に所在）

二二歳（天保一二年）　一～三月　伊勢神宮・宮島・善光寺など
　　　　　　　　　　六～七月　妻「辰」が「石尊様」（大山不動尊）・江の島弁財天・鎌倉鶴岡八幡宮などを参詣
二三歳（天保一三年）　二～三月　養母「次」が秩父・善光寺に参詣
　　　　　　　　　　八月一六～一九日　養母「次」が相馬八十八か所へ参詣
二四歳（天保一四年）　四月　養母「次」が八十八か所参詣
二六歳（弘化二年）　六月七～一五日　尾作大権現（石裂山、現栃木県鹿沼市）・日光東照宮など
　　　　　　　　　　二月二三日～四月八日　養母「次」が相模八幡に参詣
二八歳（弘化四年）　六月二一日～七月七日　身延山・富士山など。同行者は大谷口村の五右衛門・伝左衛門
二九歳（嘉永元年）　三月二一日～四月一一日　養母「次」が成田山・香取神宮などに参詣
三一歳（嘉永三年）　七月　友治郎が大山石尊に参詣
三二歳（嘉永四年）　三月　妻「辰」が「大師河原参り」（川崎大師参詣）
三四歳（嘉永六年）　七月二日～一〇日　友治郎が富士山に参詣

・「次」の旅

前項でみたように、大熊家の人々は、女性も含めてさかんに旅に出かけていました。江戸時代も後半になると、庶民の間に旅行ブームが起こっていたのです。江戸時代は平和な時代だったため、

安全に旅をすることができました。全国的に街道が整備され、街道には宿場が設けられて、宿屋や茶屋など旅人の宿泊・休息のための施設も整いました。旅人が関所を通過するときなどに提示する通行手形は一種の国内パスポートのような役割を果たし、通行手形を所持していれば、万一旅先で病気になって歩けなくなったような場合でも、発病したところから旅人の居村まで、途中の町村の人々がリレー方式で送り届けてくれました。

百姓たちの生活はしだいに豊かになり、旅をする経済的・時間的ゆとりもできてきました。各地に観光名所が成立し、それらを紹介するガイドブックや旅行記もたくさん刊行されました。観光地の側でも、より多くの旅人を迎え入れるべく、いろいろ工夫を凝らしました。

そうしたさまざまな条件が合わさって、旅行ブームが生まれたのです。江戸時代の旅は、観光・娯楽だけでなく、信仰の要素が強かったことが特徴です。神社仏閣への参詣が、旅の大きな目的になっていたのです。温泉地への湯治の旅も広くみられました。

江戸時代の女性の旅の具体例をあげましょう。天保一三年（一八四二）に、大熊家の「次」（一〇代目伊兵衛の養母）は、秩父（現埼玉県秩父市）から信州（信濃国、現長野県）への旅に出かけました。お供の女中（女性の奉公人）と一緒です。出かける際には、村の内外の一二人から、合わせて金二分二朱余の祝儀（餞別）をもらっています。このとき、「次」が書いた旅の記録が残っているので、われわれも彼女の旅の軌跡を知ることができます。なお、以下の寺社の表記は、史料の表記をそのまま用いています。

二月六日に大谷口村を出発した「次」は、桶川・鴻巣などを通って秩父に向かいます。五街道の一つ、中山道を通ったのです。その途中で、坂東の札所（霊場。巡拝者が参詣のしるしに御札を納める寺堂）のうち、十番比企岩殿観世音、十一番吉見観音、十二番慈恩寺に参拝しています。坂東の札所とは、坂東三十三観音のことで、観音様を祀る関東各地の三三の寺院です。札所の寺には「一番」「二番」と番号が付けられていました。人々は、この三三か所を巡拝したのです。

二月一〇日からは、秩父の札所巡りが始まります。秩父地方にも、三四か所の観音霊場がありました。坂東三十三観音・秩父三十四観音に西国三十三観音を合わせて、日本百観音霊場といいます。秩父三十四観音霊場巡りが、「次」の旅の最大の目的だったのです。「次」は一番から始めて順番に廻り、二月一六日には秩父三四か所の観音霊場をすべて巡り終えています。

それから、富岡・妙義山方面を通って、二月二〇日には小諸に泊まりました。二二日には、信濃国の善光寺に着いています。その後、上田を通って二六日には小諸に戻りました。さらに、榛名山に登って、二九日には伊香保温泉に泊まっています。

伊香保温泉には三泊してのんびりし、三月二日に伊香保を出発しました。それから、日光に向かい、高崎・玉村・太田・佐野・鹿沼などを通って、三月七日には今市に着きました。その間に、坂東十五番・十六番・十七番・三十三番の札所を廻っています。坂東三十三観音霊場は、そのすべてを巡ったわけではありませんでした。

三月八日には日光東照宮に参拝し、九日には宇都宮に泊まりました。翌一〇日には坂東二十番の観音を拝礼し、一二日の朝には筑波山に登って筑波山神社に拝礼しています。そして、三月一三日に水海道（現茨城県常総市）で泊まったところまでで、「次」の旅行記は終わっています。ひと月以上に及ぶ大旅行でした。江戸時代には、女性だけでも、安全に旅を楽しむことができるようになったのです。

「次」は、弘化二年（一八四五）二月に「相模八幡拝礼」（鎌倉の鶴岡八幡宮でしょうか）に、弘化五年（＝嘉永元年）三月には成田山や香取神宮などを巡る旅に、それぞれ出かけています。また、伊兵衛の妻「辰」も、天保一二年六月に、大山不動尊・江の島弁財天・鎌倉鶴岡八幡宮・上総国鹿野山などの神仏を拝礼する旅に出ています。

大熊家の人々の旅の目的が寺社参詣だったように、江戸時代の人々は神仏を篤く敬っていました。それを示すのが、大熊家にあった多数の神仏の掛軸です。安政四年（一八五七）七月には、同家が所有する神仏の掛軸のリストが作られていますが、そこには八二幅（その後さらに七幅を追加）の掛軸があげられています。

寺院では高野山・信濃国善光寺・甲斐国〈現山梨県〉善光寺・羽黒山・大谷口村大勝院のものなど計四一幅、神社では伊勢神宮・出雲大社・熊野本宮・榛名山・大山石尊・筑波山・成田不動尊・大谷口村鎮守のものなど計四一幅が所蔵されていました。リストには、「これらの掛軸は大什物（宝物）なので、心得違いのないように大切に守るべきこと」と記されています。

第四章　百姓が領主の財政を管理する

・御用金と先納金

江戸時代後半には、大名・旗本などの武家領主たちは、おしなべて財政難に苦しんでいました。農業生産力は確実に上昇していましたが、百姓たちの抵抗があって、領主たちは生産力の上昇分を増税（年貢増徴）によって吸収することが困難だったのです。一方、平和が続いて物質生活が豊かになり、武士たちの日常消費は拡大していきました。すなわち、収入は増えないのに支出は増えていったのです。領主が財政難に陥るのは当然でした。

大きな大名なら、領内に新たな産業を興したり、海岸部の干拓や新たな用水路の開削などによって耕地面積の拡大を図ったりすることもできます。しかし、知行地(ちぎょうち)（領地）の規模が小さいうえに各地に散在している旗本の場合には、抜本的な財政再建策を実施することが困難でした。倹約を心掛けても、それには限度があります。そのため、旗本たちの財政難はより深刻なものになりました。

土屋家も、その例外ではありません。そこで、土屋家は、年貢の増徴が難しい分を、御用金(ごようきん)の賦課によって補おうとしました。御用金とは、領主の領民からの借金です。必要に応じて不定期に賦課され、利息を付けて返済するのが原則でした。金額もさまざまでした。村単位に課される場合だけでなく、有力百姓に個別に賦課されることもありました。

御用金は年貢のように毎年必ず賦課されるわけではなく、また返済されるべきものでしたから、御用金賦課に対する百姓たちの抵抗は年貢増徴に対するほどではありませんでした。また、有力百姓にだけ賦課される場合もあったので、小前（一般の百姓）たちの負担にはならないこともありました。しかし、そうは言っても、御用金の賦課がたび重なり、金額も増え、しかもきちんと返済がされない場合には、百姓たちの不満は高まります。

また、御用金のほかに、先納金というものもありました。こちらは、年貢の先納（前納）、すなわち正規の納入期限以前に年貢を貨幣で納めさせることです。実質的な年貢の前借です。百姓たちは農作物の収穫後にそれを年貢として納めるわけですから、収穫前に年貢を取られる先納金は百姓たちにとっては迷惑なものでした。

先納金は、年末に、その年に納めるべき年貢と相殺して清算するはずのものですが、土屋家の都合でその清算が履行されずに、未清算の先納金が年々累積して多額になれば借金同然となります。当然、土屋家には返済義務がありました。

こうした御用金や先納金の賦課頻度や金額が増えてくると、知行所の百姓たちと土屋家との間に軋轢が生じ、両者の間にさまざまなやり取りがなされます。本章では、そうしたやり取りを取り上げて、そこから百姓と武士の関係を掘り下げていきたいと思います。その中から、領主に年貢を搾り取られ、虐げられた悲惨な百姓という広く流布したイメージとは大きく異なる百姓たちの姿が見えてくることでしょう。

・お寺からの借金で御用金を工面

土屋家からの御用金賦課は、遅くとも一八世紀後半には行なわれていました。その一例をあげましょう。寛政（かんせい）二年（一七九〇）に、土屋家から大谷口村に対して、御用金の上納が命じられました。しかし、村人たちの手元には、すぐにそれに応じられるだけの持ち合わせがありません。そこで、村人たちが相談した結果、取りあえずほかから借金して、その金を御用金に充てようということになりました。村人たちが借金の相手に選んだのは、大谷口村の隣りの小金町にある東漸寺（とうぜんじ）というお寺です。幸い東漸寺との交渉はまとまって、大谷口村が金一〇両を借りることができました。

東　漸　寺

この金一〇両の借り手は大谷口村であり、すなわち村人全員の借金でしたが、東漸寺と交わした借金証文（借用証）では、伊兵衛（いへえ）（大熊家当主）が村人たちを代表して借主になりました。

また、金一〇両といえば今の一〇〇万円から一五〇万円くらいに相当する大金ですから、借用に当たっては担保を提供する必要があります。江戸時代において、もっとも信頼のおける担保物件は土地（田畑・宅地）でした。そこで、村人たちが相談して、村の伊兵衛・権左衛門・利兵衛の所有地（石高の合計は一一石八斗一升五合）を担保物件とすることに決めました。村人たちが伊兵衛ら三人に頼んで、彼らの所有地を担保として提供してもらったのです。

しかし、村人たちが期限までに東漸寺に金一〇両を返済できなければ、担保の土地の所有権は東漸寺の手に移り、伊兵衛らは所有地を失ってしまうことになります。そこで、そうしたことにならないように、寛政二年一二月には、村の各戸の当主二九人（名主一人・組頭二人を含みます）が伊兵衛ら三人に宛てて、「たとえ今回の御用金が土屋家から返済されなかったとしても、東漸寺からの借金については、村の百姓全員が分担して出金・返済し、担保の土地は必ずお三方にお返しします」と約束した書面を差し出しています。

このときには、大谷口村の村人たちは、土屋家から賦課された御用金を、東漸寺から借金して調達し、何とか上納することができました。御用金は、領主による村からの借金ですから、領主には当然返済義務があります。土屋家が義務を果たして御用金をきちんと村に返済すれば、村ではそれを東漸寺への返済に充てることができます。しかし、村人たちは、土屋家が御用金をきちんと返済しない危険性を考慮していました。土屋家に借金を踏み倒される可能性があったのです。そこで、村人たちは、そうした場合を想定して、たとえ御用金が未返済でも、東漸寺からの借金は自分たちが責任をもって返済し、村のために所有地を提供してくれた伊兵衛ら三人にはけっして迷惑をかけない旨を約束しているのです。残念ながら、その後の経緯は史料がないためわかりません。

・法事費用の減額交渉

土屋家の出金命令は、常に大谷口村だけに出されたわけではありません。土屋家の知行所（領地）七か村全体に出金が命じられることも多かったのです。文政一〇年（一八二七）七月には、土屋家（当主は長三郎）から知行所七か村に対して、「今月下旬に法事を行なうので金五両、石塔（墓碑）を建てるのに金一五両、合計金二〇両を上納せよ」と言い渡されました。土屋家の当主・正備が死去したため、その法事費用を村々で負担せよと言ってきたのです。

しかし、七か村の村人たちは、土屋家の言いなりになってはいません。七か村の名主たちは、次のように返答しています。

今年は、お殿様の生活費などを毎月仕送りするように命じられて、村々ではその調達にたいへん難儀しております。そこへさらに金二〇両もの出金を命じられても、とてもお引き受けするわけにはまいりません。しかしながら、再三の御要請でもありますので、村々であらためて相談した結果、御香典として七か村から金三両を御霊前にお供えいたします。また、石塔については、来年の一回忌（一周忌）の際に、七か村から合計金一〇両を出金したいと存じます。以上の申し出をご了承いただければ、有り難き幸せに存じます。

このように、七か村の側は、土屋家の金二〇両の出金命令に対して、金一三両への減額と、うち一〇両の一年間の上納猶予を認めてくれるよう願っています。村々の側は、土屋家の命令に素直に従ってはいないのです。石塔は、天保三年（一八三二）八月になっても完成していませんでした。一九世紀には、土屋家からの出金命令のたびに、こうした負担軽減交渉が、土屋家と村々との間で繰り返されました。百姓たちは、けっして領主の言いなりになってはいなかったのです。

また、七か村の名主たちの返答にもあるように、この時期、土屋家は知行所村々から月々の仕送りを受けていました。本来なら、領主は年末に上納される年貢で翌年一年間の生活費を賄うはずですが、一九世紀には土屋家に限らず多くの旗本たちが財政難に陥り、年末の年貢納入を待っていられない財政状態になっていました。そこで、旗本たちは、月ごとに知行所村々から生活費を送らせて生活を賄い、その仕送り分は年末に納入すべき年貢と相殺していたのです。つまり、仕送り分は年貢の先納（前納）ということになります。年末には、上納すべき年貢額と、その年すでに月々納入した仕送り額を相殺して清算するわけです。そうしなければならないほど、旗本諸家の財政状況は逼迫していました。仕送り額の合計が年貢額を上回って、その分が土屋家の負債となることもたびたびありました。そこで、これから述べるような、村々と領主との駆け引き・交渉が続くわけです。

・土屋家の生計の外注

文政一一年（一八二八）二月には、大熊家第九代伊兵衛が、五右衛門とともに名主になりました。このとき、土屋家から、次のような申し渡しがありました。

このたび、当家では財政改革を行なうことになった。ついては、これまで大谷口村から当家に差し出してきた金四〇両余のうち、金二〇両余はやむを得ない事情により返済しない。残りの金二〇両は、当年から一〇年賦で利息を付けて返済するので、村から納めるべき年貢のうちから引き取るようにせよ。また、以後五年間は新たな先納金の上納を命じることはしない。

文政一一年時点で、土屋家は、大谷口村に対して金四〇両余の債務を負っていました。おそらく、先納金などの名目で上納させたのでしょう。その半額について、財政改革を名目に、債務不履行を通告して踏み倒したのです。そして、百姓たちの不満を和らげるために、以後五年間は新規の臨時先納金を賦課しないと約束しています。しかし、これで百姓たちが納得したとは思えません。

次に土屋家と知行所村々との間で問題が表面化したのは、四年後の天保二年（一八三一）でした。その間、文政一三年（一八三〇、一二月に天保と改元）六月までは、知行所村々から土屋家に月々の仕送りを行なっていました。通常の先納は続いていたわけです。しかし、そうしたやり方は行き詰まります。

百姓たちは、原則として、秋の稲の収穫を待って、現物の米か、米を売った代金で年貢を納めます。その残りを、自家の生活費に充てるわけです。百姓は、毎月月給をもらうサラリーマンではなく、収入には季節性があったのです。したがって、収入のないときにも土屋家に月々の生活費を仕送りしなければならないというやり方は、百姓たちにとっては負担の重いものでした。また、土屋家は、月々の仕送りに加えて、前述したように、臨時の出金を求めることがありました。そうした過重な負担に耐えかねて、村々から土屋家に願った結果、文政一三年（＝天保元年）七月からは、村々に代わって、江戸の通油町に住む清水屋八右衛門という町人が、以後毎月土屋家の生活費を支出することになりました。

これは、土屋家の家計維持（生活費取得）の外注化ともいえる事態です。村々からの仕送りは、いわば年貢の分割前納であり、かたちは変わっても年貢納入方法の一形態です。領民が領主に年貢を納めることには変わりありません。しかし、清水屋八右衛門は土屋家の領民ではなく、江戸の町人です。八右衛門は土屋家に対して何の義務も義理もないのです。八右衛門が土屋家の生活費を賄うのは、純粋に経済的な契約行為でした。

では、八右衛門は、毎月土屋家に納める生活費をどうやって回収するのでしょうか。それは、年末に知行所村々から年貢を受け取ることで回収するのです。村々の側からすれば、それまで土屋家に納めていた年貢を、以後は八右衛門に納めることになるわけです。領主が領民から年貢を徴収してそれを生活費に充てるという、領主と領民の直接的かつ基本的な関係の中間に、清水屋八右衛門という第三者が介在することになったのです。土屋家は八右衛門から月々の生活費を受け取り、知行所村々の百姓たちは八右衛門に年貢を納めることになりました。その点で、領主と領民の関係は八右衛門を間に挟んだ間接的なものに変わったのです。

八右衛門は、彼が月々支出した土屋家の生活費を、年末に村々からの年貢で回収します。八右衛門が受け取った年貢額と支出した生活費の差額が、彼の利得になるわけです。土屋家の領民でもない八右衛門が土屋家の家計の賄い（出費）を引き受けたのは、こうした経済的な利益が見込めるからでした。これは、土屋家の家計維持を八右衛門に外注化（外部委託）したものといえるでしょう。
土屋家にすれば、領民の抵抗にあうことなく生活費を調達できますし、村々からすれば、月々の仕送りの負担から解放されることになります。そこで、領主（土屋家）と領民（知行所村々の百姓たち）がともにメリットを認めて、双方合意のうえでこうしたやり方を選択したのです。確かに、これがうまくいけば、土屋家・知行所村々・清水屋八右衛門の三者ともに満足のいく結果が得られたでしょう。しかし、現実はそう甘くはありませんでした。

・旗本家臣の不明朗な財政運営

清水屋八右衛門への外注化は文政一三年（一八三〇）七月から始まりました。同年は取りあえずのお試し期間ということで、翌天保二年（一八三一）から一〇年契約でいよいよ本格的に八右衛門からの仕送りが実施されるはずでした。ところが、まさにそのとき、突発的な大問題が発生したのです。

大問題を起こした張本人は、土屋家の用役松本定之進（ようやくまつもとさだのしん）という人物でした。用役は用人（ようにん）ともいい、旗本家臣団の中枢に位置する重職で、旗本家の財政運営の責任者でした。つまり、松本定之進が土屋家の財布のひもを握っていたのです。

その定之進が、文政一三年一二月に、知行所村々に、土屋家のためだと言って臨時の出金を求めてきました。村々では仕方なく、百姓たちがほかから借金するなどして出金に応じました。その際、村々の側では、用役の定之進が言うのだから間違いなく土屋家のために使われるのだろうと考えて、彼の言いなりに出金してしまいました。しかし、翌天保二年七月になって、定之進の不明朗な財政運営が発覚しました。多額の使途不明金の存在が、明るみに出たのです。村々から定之進に渡した金も、彼が不正に流用してしまったようです。一番悪いのはもちろん定之進ですが、定之進以外の者に確認せずに、彼の言いなりに金を渡してしまった村々の側も不注意でした。

この件について、天保二年八月に、知行所七か村の村役人たちは、前年に定之進から次のように言われたと述べています。「土屋家が今年（文政一三年）から清水屋八右衛門に生活費の賄い（出費）を頼むに当たって、土屋家の厳しい財政事情をありのままに八右衛門に話してしまっては、そんなに財政が逼迫しているのかと八右衛門が尻込みしてしまい、賄いを引き受けてもらえない恐れがある。そこで、土屋家が実際に必要な経費の一部を、八右衛門には内緒で、村々のほうで負担してほしい。そうすれば、その分八右衛門の負担額が少なくて済むので、八右衛門も賄いを引き受けてくれるだろう。もし、八右衛門に賄いを断られたら、殿様（土屋家当主）は幕府への御奉公が務められなくなってしまうかもしれないという瀬戸際なのだ」。

このように定之進から危機感を煽られて、村々の側ではそれを信用してしまいました。そして、殿様のためだと信じて、八右衛門には内緒で一所懸命金策に奔走し、文政一三年一二月に臨時の先納金（年貢の前納分）を定之進に渡したのです。ところが、定之進はそうした村々の努力を踏みにじって、ただでさえ苦しい土屋家の財政にさらに大穴をあけてしまったのです。

・旗本の親類たちも解決に乗り出す

悪事は、いつかは公になります。定之進の不正行為は、天保二年（一八三一）七月に明るみに出ました。定之進のそれまでの不適切な財政運営だけでも大問題ですが、それだけでなく、天保二年はこれから清水屋八右衛門の仕送りが本格的に始まろうという重要な時期でした。定之進の問題が悪影響をおよぼして、八右衛門から仕送り契約を白紙撤回されでもしたら、土屋家の家計はお先真っ暗になってしまいます。

そのくらいの大問題だったので、これは土屋家だけでは解決できず、土屋家の親類の旗本たちも解決に乗り出してきました。具体的には、小田切内蔵頭（おだぎりくらのかみ）・酒井美作守（さかいみまさかのかみ）・巨勢日向守（こせひゅうがのかみ）の三家です。いよいよ大ごとになってきましたが、この三家の家臣たちが担当者になって、松本定之進に渡した先納金（前納金）をはじめとして、これまで村々から土屋家に先納した金額の全体像を調査したのです。その結果、天保二年八月時点で、七か村全体で金四九〇両余の先納金があることがわかりました（このうちの一部が定之進にだまし取られた分です）。定之進の不正露顕をきっかけに、土屋家の多額の累積債務の全貌が明るみに出たのです。この債務は、定之進だけの問題ではなく、土屋家が以前から抱える構造的な問題でした。大谷口村では、文政一三年に一二八両二分二朱の先納金を納めています。村々の名主たちは、天保二年八月に、土屋家に対して、先納金について次のように訴えています。

「金四九〇両余の先納金は、とても知行所村々の百姓たちの手持ち金だけでは調達できませんでした。そこで、先納金の一部は、村が主体となって、ほかの村の住民で、知行所村々に土地を所有している者たちから借金して調達しました。また、一部は、村人全員に割り当て、村人たちが各自の所有する耕地や家作（建物）を担保にほかから借金するなどして、それを先納金に充てました。
この先納金は、御上様（土屋家）の暮らしに支障があってはいけないと思って、懸命に努力して上納したものです。この先納金に関して、その利息を下付していただかないと、私どもが借金を返済することができません。もし、返済を滞らせたために、百姓たちが担保にした土地・建物の所有権が貸し手側に渡るようなことになれば、百姓たちは財産を失って、村で暮らしていくことができません。どうか、先納金の利息を、天保二年分の年貢のうちからお渡しください」。

つまり、村々の側では、多額の先納金はほかから借金して上納したものだから、貸し手に返済しなければならないと言っているわけです。百姓たちは、近隣の有力百姓や江戸の町人などから借金して先納金を調達していました。そのなかには、村という一種の法人が借り手になった場合と、個々の村人が借り手になった場合がありました。

村が借り手となって借金した相手のなかには、知行所村々に土地を所有している他村の住民もいました。彼らは自分の住む村以外にも手広く土地を所有しているくらいですから、経済的有力者だったのでしょう。

大谷口村以外の村に住む百姓であっても、大谷口村で所有する土地にかかる年貢は大谷口村に納めます。大谷口村が村として他村民から借りた金が返せなければ、それは他村民が大谷口村に納めるべき年貢と相殺して清算されます。大谷口村が借金を返せなければ、他村民はその分大谷口村に年貢を納めなくていいわけです。ここでは、民間の貸借関係が、年貢という公的な税負担の問題と連動しているのです。第一章で述べたように、江戸時代には村請制（むらうけせい）という徴税システムが採られていました。村に賦課される年貢は、村全体の責任で納入しなければならなかったのです。そのため、他村民が納入しなかった年貢は（ここで述べているケースは不当な滞納というわけではなく、借金の清算です）、最終的には村が責任をもって納めざるを得ず、それは村にとっては大きな負担になりました。

・村々の借金はどうする？

知行所村々にとって、定之進への先納金における一番の問題は、村や村人たちが先納金上納のために行なった借金を、どのように返済するかということでした。それまでに上納した先納金のうち、ほかから借金して調達した分については、それぞれ金の貸し手に返済しなければなりません。貸し手の側は、村々が定之進にだまされた被害者だからといって、貸金の返済を免除してはくれなかったのです。

そこで、村々では、借金返済のために、土屋家に先納金の利息の下付を願ったわけです。土屋家側は、先納金というかたちで年貢を前納させる見返りに、先納金の納入時から清算時までの期間の利息を計算して、それを村々に支払う義務がありました。たとえば、本来は一二月末に納めるべき年貢を七月末に先納した場合には、八月から一二月までの五か月分の利息を月利何パーセントというかたちで計算して、村々に支払うわけです。実際は、利息分を一二月末の年貢納入分と相殺します。先納金は領主にとっては年貢の前借であり、それには一定の利息が付くという考え方です。

先納金はいずれ納めるべき年貢という建前なので、一度納めてしまえばすぐに返還を求めるわけにはいきませんが（多額の先納金が累積すればそれは借金同然になるので、その返済を求めることはあります）、利息は村々が下付を要求して然るべきものだったため、村々ではそれを要求したというわけです。先納金は全部で金四九〇両余ありましたし、かなり以前の先納分もありましたから、その利息だけでもかなりの額になったのです。定之進にだまされたとはいえ、村々は土屋家のためだと思って出金したわけですから、土屋家にも利息分くらいはこの際きちんと払ってもらおうということです。

しかし、そこには一つ問題がありました。先納金の利息は、村々が納める年貢のうちから受け取ることになっていました。利息と年貢の相殺です。利息分の年貢を納めずに、村方に留保して、それをほかからの借金の返済に充てるのです。ところが、前述したように、文政一三年から、年貢は土屋家ではなく、清水屋八右衛門に納めることになっていました。したがって、村々が天保二年分の年貢の一部を先納金の利息として受け取るためには、土屋家だけでなく、八右衛門の了解を取り付ける必要があったのです。そこで、村々では、その旨を八右衛門に願い出ました。

これは、村々の側からすればやむを得ない要求でしたが、土屋家・知行所村々と八右衛門との契約では、天保二年からは毎年の年貢のすべてを、村々から八右衛門に渡すことになっていました。ところが、年貢の一部を八右衛門に渡さずに、借金返済に充てたいというわけですから、八右衛門からすれば契約違反であり、とても承知できるものではありません。また、八右衛門は、文政一三年一二月に、村々が八右衛門に内緒で、定之進に先納金を渡したことについても問題視しました。

こうして、文政一三年から始まった外注化は、早くもその翌年に大きな困難に直面することになったのです。

・ここまでのまとめ

話がちょっと込み入ってきましたので、ここで整理しておきましょう。一九世紀の土屋家では、御用金や先納金に頼った財政運営が恒常化していました。先納金は年貢の前納ですから、年末の年貢納入時にその都度清算されるべきものでした。ところが、実際には清算されずに累積し、それは知行所村々に対する土屋家の負債となっていました。年貢の前納が、土屋家の借金同然になっていたのです。こうした際限のない先納に終止符を打つべく、文政一三年から清水屋八右衛門への外部委託が始まりました。知行所村々では、さらなる先納から解放されて、今後はそれまでの先納分を少しずつ清算してもらうつもりでした。

ところが、そこに松本定之進にだまし取られた出金が加わったのです。知行所村々では、ほかから借金して定之進に渡す金をつくったので、その借金は返済期限までに返す必要がありました。しかし、村人たちの手許には返済に必要なだけの金がありません。そこで、村々では土屋家に、先納金の全額清算は無理でも、せめて先納金に付いた利息分だけでも早急に渡してほしいと求めたのです。

一番悪いのは松本定之進自身ですが、彼はだまし取った金を持ったまま行方をくらましてしまいました。もはや定之進に請求できない以上、この問題は土屋家と知行所村々で何とか解決しなければばならないのです。そうしないと、村人たちは借金の担保にした土地を手放すことになり、経営が行き詰まってしまいます。土屋家としても、定之進の件を清水屋八右衛門が問題視している以上、この件が解決しなければ、せっかく引き受けてもらった財務委託が白紙に戻ってしまうかもしれません。土屋家と知行所村々の双方にとって、きわめて厳しい状況になりました。

・行き詰まる交渉

では、その後の土屋家・知行所村々・八右衛門の三者による交渉の成り行きを追いかけてみましょう。

土屋家・知行所村々・八右衛門の三者の交渉の結果、天保二年（一八三一）九月には、土屋家から村々に対して、①天保二年の年貢についてはすべてを村々から八右衛門に納めよ、②その代わり、天保三年からは年貢の一部を先納金の利息として村々に下付するので、それを借金の返済に充てよ、という解決策が指示されました。

①のように、取りあえず天保二年分の年貢はすべて八右衛門に渡して、八右衛門への誠意を示したうえで、②のように、天保三年からは利息を下付して、村々の借金返済を援助しようというわけです。

この土屋家の提案がうまく行くかどうかは、知行所村々の百姓たちに金を貸した近隣村々の有力百姓たちの反応にかかっていました。知行所村々の百姓たちは、土屋家から利息の下付がなければ、借金を返済することができません。ところが、利息の下付は天保三年からなので、知行所村々の百姓たちは、金の貸し手に借金の元利返済を一年間待ってくれるよう交渉することになります。もし、貸し手側が返済猶予を認めてくれれば、百姓たちも土屋家の解決策に沿って返済していくことになるでしょう。そうなれば、百姓たちも、取りあえず一安心できるというわけです。

ところが、そううまくはいきませんでした。知行所の百姓たちが、貸し手側に一年間の元利返済猶予を交渉したところ、何度掛け合っても貸し手たちから了承を取り付けることができなかったのです。

そこで、天保二年一一月二八日に、知行所村々の村役人たちは、土屋家と親類（旗本）の役人たちに、交渉不成立の旨を告げて、「どうか、清水屋八右衛門に対して、天保二年分の年貢のうちから村々が先納金の利息を受け取ることを認めるよう、説得してください」と願っています。

村々の必死の願いは認められ、村々は天保二年から先納金の利息を受け取ることができました。大谷口村では、文政一三年（＝天保元年）分の利息として金二五両二分二朱余を受け取っています。これは、年利二〇パーセントの利率になります。七か村全体では、金一〇〇両を受け取りました。清水屋八右衛門も、土屋家の親類たちからの働きかけもあったため、村々の利息受け取りを了承しました。これにて、村々の借金は取りあえずその一部を返済できましたが、残額はまだまだありましたから、その返済をどうするかは引き続き村々にとっての難題でした。

また、村々が年貢のうちから先納金の利息を引き取った分だけ、清水屋八右衛門の受け取る年貢額は少なくなりました。そのため、天保二年末に八右衛門が受け取った年貢額は、同年中に八右衛門が土屋家に渡した仕送り額には足りませんでした。八右衛門の持ち出しになったのであり、当然八右衛門は不満を抱きます。こうして問題は全面的には解決しないまま、天保二年は幕を閉じました。

・村々が土屋家の財政改革を要求

天保三年（一八三二）には、状況はどう変わったでしょうか。同年も、土屋家は物入りが続きました。当主の代替わり（土屋太刀三郎が家督相続して当主になる）もあって、八月には金三〇両余が臨時に必要になりました。そこで、土屋家では、家臣の須藤太郎を清水屋八右衛門の元に派遣して、出金を依頼しました。それに対して、八右衛門は不満を表明し、次のように述べました。

「去年（天保二年）は、私が受け取った年貢額が、お渡しした仕送り額に足りず、私の持ち出しになっています。今年（天保三年）も、既に多額の臨時金をお渡ししているので、これでは年末に年貢を受け取っても、私（八右衛門）は赤字になるでしょう。こうして私が受け取るべき残金は増えていく一方です。ですから、今回は、まず知行所村々から、石高一〇〇石につき金三両の割合で出金させてください。それで足りなければ、不足分は私が出しましょう」。

こう言われたため、土屋家も八右衛門の提案に乗ることに決め、知行所村々の代表を江戸屋敷に呼び出して、須藤太郎が出金を要請しました。しかし、もはや、そこには領主が領民に一方的に出金を命じるといった高圧的な姿勢はみられませんでした。須藤は、次のように言っています。

「村々の経済的負担を軽減すべく、当方（須藤）も、粉骨砕身働いておる。しかし、日夜さまざまな俗事に責め付けられ、千辛万苦の苦労に心魂を奪われて、取るべき手段も尽き果ててしまった。

石高一〇〇石につき金三両の出金についても、是非とも出せと言うわけではないのだが、もし村々から出金を断られたら、八右衛門も仕送りを断ってくるだろう。そうなったら、土屋家の財政はたちまち行き詰まってしまう。万事行き違いばかり生じるので、こちらもまことに戦々恐々として薄氷を踏み破るような思いをしておるのだ。外聞も内実も立ち行かず、昼夜とも苦難が耐え難くなってきておる。そこを理解したうえで、村々のほうでもよく相談してもらいたい」。

須藤太郎は、このように低姿勢で、苦しい胸の内を吐露しながら、村々に出金を要請しているのです。しかし、村々の側も、土屋家への上納金のために、これまで田畑・家財などを質入れして借金を重ねてきたわけです。借金をきちんと返済していかなければ、担保物件を手放すことになって、百姓経営が続けられなくなってしまうでしょう。あるいは、返済滞りのかどで、貸し手から幕府に訴えられてしまいます。実際、天保三年一二月には、知行所の一つ猿ケ島（さるがしま）村の百姓が貸し手から訴えられました。村々の側も苦境に立たされていたのです。

そこで、天保三年一二月に、知行所村々から土屋家に、一つの提案を行ないました。村々は、土屋家から出金要請を受けるだけの受け身の立場ではなく、土屋家の財政再建と村々の負担軽減を図るべく、積極的に逆提案をしたわけです。その内容は、以下のとおりです。

①　土屋家の知行所七か村の村高（土屋家の知行地の石高合計）一一四九石余のうち、三〇〇石分の土地からの年貢だけで土屋家の生活費を賄い、残りの年貢は土屋家の借金返済と財政再建に充ててほしい。

②　三〇〇石分の年貢だけで暮らしていくために、土屋家は倹約に努めるとともに、江戸屋敷

の敷地内の長屋や空地を人に貸して借家・借地料を取るなどの工夫をしてほしい。

③　土屋家が以上のことを了承するなら、村々の側では、三〇〇石分の土地からの年貢に相当する金額を、毎月、無利息で五年間仕送りする。六年目からは、これまでどおり仕送り金（年貢の先納分）の利息を土屋家から受け取る。

すなわち、村々では、清水屋八右衛門の仕送りを取り止めて、文政一三年六月まで行なっていた村々からの仕送りを復活させようというのです。しかし、以前の仕送りは、予定外の臨時出金などを求められて出金額が増大したため、村々の側が高負担に耐えかねて、清水屋八右衛門に仕送りを代わってもらったという経緯がありました。そのため、今回はそうした失敗を繰り返さないために、村々の出金額は三〇〇石分の年貢相当分（年貢率四〇パーセントとすると米一二〇石、一石＝金一両とすると一二〇両）に限るというかたちで上限を定めたうえで、土屋家にも倹約と自助努力を求めたのです。

この村々からの提案をめぐって、翌天保四年には、村々と土屋家との交渉が続くことになります。

・村々の提案をめぐるやり取り

天保四年（一八三三）一月に、知行所村々の村役人たちは、前年一二月の提案が受け入れられなければ、われわれ全員辞職したいと申し出て、土屋家にプレッシャーをかけました。

また、天保四年一月になっても、村々では天保三年分の年貢を皆済していません。天保三、四年は、東北地方を中心に全国的に「天保の飢饉」といわれる大飢饉になったので、百姓たちの暮らしは厳しいものになっていたのです。ただ、この年貢滞納は、飢饉だけが原因ではありませんでした。前述したように、村々の百姓たちは、土屋家への上納金を調達するために、あちこちから借金していました。清水屋八右衛門に年貢を渡すより先に、借金相手への返済を行なう必要があったのです。

天保四年一月には、村々が土屋家に納めた先納金等の詳細を調査しています。それによると、各村の先納金等の金額は次のようになっています。

	先納金	村方引受金（むらかたひきうけきん）
下総国千葉郡中野村（しもうさのくにちばぐんなかのむら）	金　四三両	
常陸国鹿島郡武井村（ひたちのくにかしまぐんたけいむら）	金一一二両一分余	
下総国葛飾郡栗ケ沢村（しもうさのくにかつしかぐんくりがさわむら）	金　六七両二分	
下総国葛飾郡大谷口村（おおやぐちむら）	金一七四両	金一三〇〇両
武蔵国横見郡地頭方村（むさしのくによこみぐんじとうほうむら）	金　七八両一分	
武蔵国横見郡山野下村（やまのしたむら）	金二六三両	金　二三四両
相模国愛甲郡猿ケ島村（さがみのくにあいこうぐんさるがしまむら）	金一三三両二朱	金　二一五両
七か村共同での引受金		金　一一〇両
合　計	金八七一両二朱余	金一八五九両

以上の総計は金二七三〇両二朱余になります。一両＝一〇万円として換算すると、二億七三〇〇万円余に相当する莫大な金額です。先納金は、村々が年貢の前納等さまざまな名目で土屋家に上納した金です。これ自体は村々の負債というわけではなく、むしろ土屋家への前貸しに当たるもので

すが、この先納金の調達のために、百姓たちは多額の借金をしており、その返済が村々の大きな負担になっていたわけです。また、金額は、先納金だけで金八七一両二朱余あり、天保二年の調査時の金四九〇両余よりもかなり増えています。

また、村方引受金とは、村々が土屋家の借金の連帯保証人になったものです。村方引受金の過半は、大谷口村が引き受けています。大谷口村の村方引受金一三〇〇両のうち一二〇〇両は、土屋家が幕府から公金（公的資金）を借り入れたものです。土屋家は、民間からだけでなく、自身が仕える幕府からも借金していたのです。これは直接的には土屋家の借金ですが、土屋家が幕府に返済できなければ、大谷口村が連帯責任を負わなければなりません。こうしたさまざまな負担が村々にのしかかっていたのでした。

・村役人たちが駕籠訴（かごそ）を決行

天保四年（一八三三）一月に、村々では、先納金等の具体的な数字をあげて、土屋家に対して自分たちの置かれた厳しい状況を訴えました。そして、同年二月四日には、知行所七か村の村役人たちが、土屋家の親類三家（小田切・酒井・巨勢の三家）の役人たちに、次のように願い出ました。

知行所村々の百姓たちのなかには、殿様のために行なった借金の返済に行き詰まって、借金の担保にした土地等を貸し手に渡してしまった者や、貸し手から裁判に訴えられようとしている者もおります。そこで、やむを得ず、昨年一二月に、土屋家の財政改革の提案をいたしました。しかし、今に至るも、提案を受け入れていただけません。そして、清水屋八右衛門からは、昨天保三年分の年貢の納入残額を早く渡すようにと催促されています。御親類様方も、清水屋八右衛門を支持しておられます。

しかし、昨年分の年貢の残額をすべて八右衛門に渡してしまっては、百姓たちが他からの借金を返すことができません。どうか、年貢の残額は、八右衛門に渡さずに、借金返済に振り向けることをお認めください。また、私どもの提案を受け入れてくださるようお願いします。

村役人たちは、天保三年分の年貢の一部を百姓たちの借金返済に充てたいと願っています。これは、村々が、天保二年分の年貢について願ったのと同じ要求です。前述したように、天保二年分については村々の要求が認められました。ただし、その結果、受け取る年貢額が減った清水屋八右衛門は不満を抱くことになりました。

年貢の一部を借金返済に充てたい百姓たちと、年貢の全額を受け取りたい清水屋八右衛門という対立の構図は、天保二年も天保三・四年も共通でした。違うのは、天保二年には土屋家が村々の要求を認めたのに対して、天保三・四年には土屋家も親類たちも八右衛門を支持したことです。土屋家や親類たちは、二年続けて八右衛門の勝手賄（かってまかない）（土屋家の生活費を負担すること）の収支が赤字となったら、八右衛門が勝手賄をやめてしまうのではないかと危惧しているのです。それに対して、村々の側は、自分たちの提案を受け入れてくれれば、自分たちが八右衛門の代わりに勝手賄を復活させようと言っているわけです。

しかし、二月四日の村々の願い出も、親類たちには取り上げてもらえませんでした。そこで、村役人たちは遂に非常手段に訴えることにしました。二月六日に駕籠訴を決行したのです。

駕籠訴とは、百姓が幕府の重職者や大名・旗本家の当主に直接訴状を渡そうとすることです。土屋家の親類三家は、いずれも旗本でした。旗本は幕府の家臣ですから、その当主は儀礼や職務のために、月に何回かは江戸屋敷から江戸城に登城(とじょう)します。その登城途中を狙って、いきなり当主の乗った駕籠の前に走り出て直接訴状を差し出すのです。たとえお供の者に遮られたとしても、駕籠訴がなされたことは当主の知るところとなり、訴えが取り上げられる可能性は高くなります。駕籠訴とは、担当役人を通していては埒が明かないときに、担当役人を飛び越して、直接当主に訴えを聞いてもらおうとすることです。駕籠訴は正規の手続きを経ない違法行為ですが、駕籠訴を行なった百姓に重い処罰が下されることはなく、お咎めなしか、あっても厳重注意や、江戸の宿泊先での謹慎などの軽い処罰で済むことがほとんどでした。ですから、百姓たちは、いざという時には、躊躇(ちゅうちょ)なく駕籠訴を決行したのです。

今回の場合は、二月六日に、武井村名主源左衛門(げんざえもん)・大谷口村名主伊兵衛(大熊家当主)・栗ケ沢村名主吉兵衛(きちべえ)の三人が酒井家(土屋家の親類)当主に、中野村元名主六太夫(ろくだゆう)・山野下村名主左京治(さきょうじ)・地頭方村組頭平治郎(へいじろう)・猿ケ島村年寄(名主に次ぐ役職)五郎兵衛(ごろべえ)の四人が小田切家(土屋家の親類)当主に、それぞれ駕籠訴を行ないました。

・土屋家が村々の提案を受け入れる

天保四年（一八三三）二月六日の駕籠訴は、やはり効果がありました。土屋家から、あらためて考えを確認された七か村の村役人たちは、二月一五日に従来の主張を繰り返しています。それから土屋家と知行所村々の間で交渉が続けられ、ついに三月には、知行所村々から年貢の残額を三月末日までに清水屋八右衛門に納める代わりに、土屋家は村々の財政改革の提案を受け入れることで合意が成立しました。

知行所村々は、年貢の残額を八右衛門に納めるという点では譲歩しましたが、代わりに土屋家に改革提案を認めさせるという大きな成果を得ました。逆に、土屋家は、村々に天保三年分の年貢の残額を八右衛門に納めさせることができた代わりに、村々の提案を受け入れて倹約に努めなければならなくなりました。清水屋八右衛門は、年貢の残額を受け取ることはできましたが、それでも土屋家への仕送り額を全額回収することはできず、赤字が出てしまいました（八右衛門の貸し越しということです）。知行所村々・土屋家・清水屋八右衛門の三者ともに、それぞれ得失があったわけです。

村々との合意を受けて、天保四年三月に、土屋家から村々に宛てて「下知書（げちしょ）」（命令書）が渡されています。「下知」とは言っても一方的な命令ではなく、村々の要求を受け入れた結果出されたものです。そこには、

①　土屋家の七か村における知行地（領地）の石高一一四九石余のうち、三〇〇石分の土地か

らの年貢を土屋家の生活費に充てる
② 残る八四九石余の土地からの年貢は、土屋家の借入金の返済などに充てる
③ ②の実務は村々が行ない、毎年一二月に、村々から「諸勘定取調書」(収支計算書)を土屋家に提出する

と記されていました。村々の提案が、そのまま通ったのです。これが実行されれば、年貢の使途は村々が把握するところとなり、土屋家からの過大な負担はなくなって、村々の借金返済も順調に進むことになるでしょう。村々は、大きな成果を勝ち取りました。

三月一二日に、知行所七か村の村役人たちは、「下知書」の内容を承った旨を土屋家に上申しました。さらに、翌三月一三日には、親類三家の役人(家臣)たちが、七か村の村役人に、「天保三年分の年貢の残額を、村々から清水屋八右衛門に納めよ。それでも八右衛門は土屋家に仕送りした分の全額は回収できないため、未回収分は土屋家の債務となるが、その分は無利息で年賦返済していくことにする(土屋家に有利な条件での返済)。八右衛門への債務返済はほかの債権者への返済と同じ条件として、八右衛門にだけ優先的に返済するようなことはしない。その旨は、われわれ(親類三家の役人たち)から八右衛門に言い聞かせておく」と記した書面を渡しました。

仕送り分を全額回収できない八右衛門の不満は、親類たちが抑え込むことを、村々に約束しているのです。村々の村役人や百姓たちは、これでまずは一安心と、胸をなでおろしたことでしょう。駕籠訴という冒険までしたことが、やっと報われたかと思われました。

・清水屋八右衛門の反撃

しかし、このまま無事には収まりませんでした。清水屋八右衛門が、土屋家への仕送りで出た赤字分（土屋家への債権）を回収すべく、天保四年（一八三三）四月三日に幕府の町奉行所に訴訟を起こしたのです。当事者間の話し合いでは埒が明かないと判断したわけです。八右衛門は、訴状のなかで次のように主張しています。

天保二年に、土屋家の知行所村々から、「このたび、土屋家から生活費の仕送りをするよう命じられましたが、われわれはお引き受けできません。どうか、あなた様（清水屋八右衛門）が仕送りを引き受けてください」と頼まれました。私（八右衛門）は断れずに引き受け、天保二年一月から天保三年一二月までの二年間、月々の仕送りのほか臨時の出金もしてきました。土屋家の幕府などからの借金を、村々が土屋家に代わって返済する分についても、私が立て替えて村々に渡してきました。これらの出金は、知行所村々から年貢の全額を受け取って、それで清算する契約でした。

天保三年分の年貢（米と金）は、一二月一〇日までに、村々から江戸の私の所まで送ってくる約束でした。しかし、期日になっても、村々からは一向に年貢を送ってきません。私が、年貢との清算という条件でこれまでに支出した金額は、元利合わせて金七九〇両三朱余になります。

私が、村々の年貢滞納を土屋家に訴えたため、天保三年一二月には、土屋家が知行所村々の村役人を江戸に呼び出して、厳しく年貢納入を督促しました。しかし、村役人たちは納入延期を願うだけで、一向に納めようとしません。そこで、土屋家と親類たちは、私がこの件を幕府に出訴することも止むなしと判断したため、ここにお訴え申し上げるしだいです。

私が天保三年分の年貢として受け取るべき分が米四三八俵余（＝一七五石五斗余）、永（銭貨の単位、永一貫文＝金一両）一五〇貫余（＝金一五〇両余）などあり、そのほかに天保二、三両年に土屋家に仕送りして、まだ清算されていない分が金四六二両余にもなります。どうか、これらすべてを清算するよう、知行所村々にお命じください。

清水屋八右衛門が直接訴えた相手は、知行所村々の村役人の代表である、猿ケ島村年寄（名主を兼任）八郎兵衛・同村組頭庄兵衛・武井村名主源左衛門の三人でした。八右衛門は、年貢に加えて、これまでの土屋家に対する債権を、まとめて知行所村々から取り立てようとしたわけです。直接の被告は二か村の三人ですが、もちろん知行所七か村全体を相手取っての訴訟です。

八右衛門が引き渡しを求めている米は四三八俵余で、一俵は四斗入りなのでこれは一七五石五斗余に相当し、米一石＝金一両とすると金一七五両二分余になります。これに、永一五〇貫余（＝金一五〇両余）や金四六二両余、その他の出金を合わせると、八右衛門が受け取るべき金額は金七九〇両三朱余になると計算されています。

天保四年三月の土屋家と知行所村々との合意では、天保三年分の年貢の残額を三月末日までに知行所村々から清水屋八右衛門に納める約束になっていました。ところが、期限の三月末日になっても、村々が八右衛門に年貢を渡さなかったため、四月三日に八右衛門が出訴したわけです。

・知行所村々の反論

知行所村々は、土屋家には提案を受け入れてもらいましたが、今度は八右衛門との訴訟に巻き込まれてしまったわけです。村々にとっては、一難去ってまた一難というところでしょう。けれど、訴えられてしまった以上、裁判をたたかわないわけにはいきません。村々の側にも言い分はありました。そこで、被告の八郎兵衛ら三人は、天保四年四月に、幕府の町奉行所に返答書を提出しました。そのなかで、被告（知行所村々）側は次のように反論しています。

土屋家と知行所村々から、清水屋八右衛門に土屋家への仕送りを頼んだものの、その清算が滞っているというのは、八右衛門の主張のとおりです。土屋家は年来困窮しており、幕府などからの拝借金がおよそ金二〇〇〇両余、その他民間からの借金が金七六四〇両ほど、合わせると元金だけで金九六四〇両余にもなります。

知行所村々からも多額の先納金を上納しており、先納金を調達するために、百姓たちは所持する田畑・屋敷・家財などを質入れして、あちこちから借金しております。村々の先納金・引受金などは元金だけで約二八五〇両にのぼっており、土屋家が直接借り入れた分と合わせると、金一万二五〇〇両ほどになります。

百姓たちは、土屋家に代わって幕府に返済したり、先納金のための借金を返したりしなければならず、たいへん困っております。そこで、土屋家には財政改革をご提案して、了承していただきました。しかし、それだけで土屋家の巨額の借用金をすぐさま返済できるわけではなく、猿ケ島村などは返済滞納のかどで貸し手から訴えられているありさまです。

そうした事情のため、八右衛門への清算ができず、八右衛門にはまことに申し訳なく思っております。けれども、私ども（知行所村々）も先に申し上げたような事情で、すぐには八右衛門に年貢の清算や債務の返済をすることができません。どうか、八右衛門に、私どもの窮状を理解して、気長に返済を待ってくれるよう仰せ付けてください。

このように、知行所村々の側では、八右衛門の主張をもっともだと認めつつも、村々の現状ではすぐに清算・返済するのは無理だとして、八右衛門に配慮を求めているのです。この返答書で、村々は先納金・引受金などが元金だけで約二八五〇両あると記していますが、これは前述した天保四年一月時点の金額（金二七三〇両二朱）よりさらに増えています。

こうして原告・被告双方の主張が出揃い、審理が本格化していくに当たって、被告の猿ケ島村八郎兵衛ら三人は、自分たちだけでは訴訟に十分対応できないので、ほかの知行所五か村の村役人にも出府（しゅっぷ）（江戸に出向くこと）してくれるよう求めました。それを受けて、大谷口村名主の伊兵衛が、知行所五か村を代表して五月九日に出府しています。

・ようやく示談が成立

その後、江戸において、知行所村々の代表・清水屋八右衛門・土屋家の役人（家臣）の三者の間で、和解交渉が続けられました。原告・被告双方は、裁判になったからといって、あとはすべてを町奉行所の判断に委ねるというのではなく、自分たちも和解の努力を継続していたのです。そして、町奉行所の担当役人も示談の成立を後押ししました。担当役人も、自ら判決を下すよりも、当事者同士が納得のうえで和解したほうが後々のためによいと考えていたのです。こうした関係者の努力の結果、天保四年（一八三三）一二月一日にようやく示談が成立しました。その内容は、次のとおりです。

① 清水屋八右衛門が受け取るべき年貢の残高や仕送り金の未清算分の合計金七九〇両三朱余のうち、金一五〇両は知行所村々がすぐに支払う。

② 残金六四〇両余は、翌天保五年から六年賦で返済することにして、毎年一一月末日までに村々から八右衛門に支払う。

こうして示談が成立し、村々にとってはひと安心でしたが、今後の返済責任を考えると手放しには喜べなかったのも事実です。

また、天保四年からは、清水屋八右衛門に代わって、知行所村々からの仕送りが復活しました。その内実をみると、村々からの仕送り金（先納金）は土屋家が自由裁量で使うのではなく、仕送り金は村々が預かり、土屋家の必要に応じて金を渡していたことがわかります。土屋家の家計のひもは、村々が握ることになったのです。

天保四年の九月から一二月までは、大谷口村名主伊兵衛と武井村名主源左衛門が仕送り金の出納責任者になっていたので、大熊家に伝わる古文書のなかに詳細な出納記録が残っています。それをみると、土屋家の衣食住から交際費・文房具代に至るまで、事細かに記載されています。村々の側が、土屋家の家計を管理していたことがよくわかります。村々の側では、こうでもしないと、土屋家の出費を抑制して、財政を健全化することはできないと判断したのです。

出納費目のなかには、「村松庄蔵（むらまつしょうぞう）殿へ御給金をあい渡す」、「片山金治郎（かたやまきんじろう）殿へ御給金をあい渡す」といった項目がみられます。村松・片山は、ともに土屋家の家臣です。村々が、家臣に給料を渡しているのです。

もともと、江戸時代の武士は、百姓が納める年貢や雑税によって生活費を賄っていました。本来的に、武士は百姓に養われていたわけです。しかし、建前上は、武士が政治と軍事を担当し、平和を守り、百姓保護の政策を実行する対価として、百姓は納得して年貢を納めるということになっていました。そして、百姓が納めた年貢は、領主である旗本によって家臣たちに配分・支給されたのです。百姓が、個々の家臣に直接年貢を渡していたわけではありません。

土屋家の場合も、もともとは土屋家に納められた年貢のなかから、土屋家（当主かその代理）が家臣たちに給金を渡していました。それが、天保四年には、村々から個々の家臣に給金を渡す方式に変わっているのです。ここでは、あたかも百姓たちが家臣を雇って、給金を払っているようなかたちになっています。ここには、武士が百姓を支配して、強圧的に年貢を搾り取るといったすがたはみられません。これは、旗本という小規模領主だからこそ明確にみえてきた現象ではありますが、全国的にみても一九世紀には、百姓の武士に対する立場や発言力ははっきりと強まってきたのです。

ただし、これですべての問題が解決したわけではありません。天保三年一二月の村々からの提案では、天保四年以降、土屋家は三〇〇石分の知行地（領地）からの年貢だけで生活費を賄うことになっていました。しかし、天保四年九月以降、村々が土屋家に支払った生活費はそれをかなり上回っていました。村々が管理しているとはいえ、土屋家の生活費を村々が望む水準にまで一気に引き下げることは難しかったのです。土屋家は、村々の倹約要請に抵抗を示しており、村々の側も一定の妥協をせざるを得ませんでした。村々の側では、土屋家の生活費に充てる年貢を、知行地（領地）五〇〇石分にまで増やすことを了承していたふしもあります。

また、村々が土屋家のために行なった借金の返済も完了してはいませんでした。村々にとっての難題は、まだまだあったのです。こうした状況下で、翌天保五年は百姓たちにとってどんな年になったでしょうか。

・村役人ら、行方不明になる

天保五年（一八三四）も、知行所村々の百姓たちにとっては波乱の年になりました。五月五日に、土屋家から呼び出されて江戸に滞在していた知行所七か村の村役人七人が全員行方不明になってしまったのです。これは、実は村役人たちが、覚悟の上で行なった土屋家への抗議行動でした。村役人たちは、姿を隠してまで、いったい何を訴えたかったのでしょうか。

村役人たちの抗議の陰には、須藤久三郎という人物の存在がありました。彼は、天保五年春にふらりと土屋家にやってきて、そのまま江戸屋敷に住み着いてしまったのです。彼の前歴は不明ですが、その後の行動からみて、以前に旗本の家臣だったことがあるようです。

須藤は金丸修平と改名して、用役（用人。土屋家家臣のなかで中枢に位置する役職）同様に振る舞って、土屋家の財政運営にあれこれと口を出すようになりました。須藤は、土屋家当主の太刀三郎には、自分の才覚で土屋家の借財をすべて帳消しにしてみせるなどと言っていたようです。

そして、天保五年四月に、須藤は、知行所村々に対して、村々にとっては不利な換算基準で年貢米を金に換算して、その金を五月から毎月先納するように命じました。しかし、前年（天保四年）の「天保の飢饉」によって、天保五年には百姓たちは日々の食料にも差し支えるありさまでした。そうしたなかでも、村々からは、天保五年四月までに三五〇両ほどの先納金を差し出してきました（三〇〇石分の知行地からの年貢〈金一二〇両くらいか〉だけで生活費を賄うという原則はまったく守られていなかったのです）。そんなときに、さらに過大な先納金など出せるはずがありません。

村々の抵抗に遭ったため、須藤は、知行所七か村の村役人七人を土屋家の江戸屋敷に呼び出しました。そして、五月四日の昼過ぎから翌日の明け方までぶっ続けで、村役人たちに同月からの先納金上納を迫りました。その間、須藤は、村役人たちを便所にも行かせなかったようです。それでも、村役人たちは先納金上納を承諾しませんでした。しかし、このままではこの先どんなひどい目に遭わされるかわかりません。そこで、五月五日に、村役人たちはいっせいに姿を隠したのです。

村役人たちの行方不明事件は、このような事情で起こったのでした。

　続けて、その後の経過をみてみましょう。村役人七人が失踪しても、須藤久三郎はなお追及の手を緩めませんでした。今度は、残りの村役人たちを江戸に召喚し、数日間江戸屋敷に留め置いて、あくまで先納金上納を承諾させようとしました。こうした須藤の強引な姿勢に反発して、六月下旬には、残りの村役人たち九人も失踪してしまいました。二回合わせて一六人の村役人たちがいなくなってしまったのです。行方不明とはいっても、それは土屋家や須藤久三郎が行方を知らないというだけのことで、知行所村々の百姓たちは彼らの潜伏先を知っていました。村役人たちは、姿を隠すことで土屋家と須藤に反省を促そうとしたのです。

　そして、天保五年八月に、一六人の代表として七人の村役人が、土屋家の親類小田切土佐守（おだぎりとさのかみ）の役人宛に嘆願書を差し出しました。ここで、それまで隠れていた村役人たちが姿を現したわけです。嘆願書のなかで、七人は、前述のような須藤久三郎の「不法の所業」の数々を具体的にあげたうえで、彼を土屋家の屋敷から退去させてほしいと願っています。村役人たちは、「この件は本来なら土屋家に願い出るべきところですが、そうすると須藤からいわれなき処罰を受ける恐れがあるので、小田切家に願い出ました」と述べています。小田切家から土屋家に、須藤を追放するよう申し入れてもらおうというわけです。村役人たちは、須藤の追放は、自分たちだけでなく、土屋家のためにもなると考えていました。

　小田切家では村役人たちの嘆願書を受理しましたが、それですぐ須藤久三郎が土屋家の屋敷を退去することはありませんでした。天保五年は、村々にとって、須藤久三郎問題という新たな難題が加わった年になったのです。

・裁判に明け暮れた天保六年

須藤久三郎の件が解決しないなかで、天保六年になると、土屋家と知行所村々の借金返済問題が再燃しました。前述したように、天保四年（一八三三）一二月一日における知行所村々と清水屋八右衛門との示談においては、清水屋八右衛門が受け取るべき金額七九〇両三朱余のうち、金一五〇両は知行所村々がすぐに支払い、残金六四〇両余は、翌天保五年から六年賦で返済することになりました。ところが、知行所村々は、天保五年分の支払金額一〇六両余を、同年のうちに支払うことができなかったのです。

そのため、村々は八右衛門からたびたび催促を受け、同人から天保六年二月中に何とかしなければ再度出訴すると通告されてしまいました。そこで、村々では、土屋家に対応を考えてくれるよう願っています。元をただせば、土屋家に責任があるわけですから当然です。土屋家でも、八右衛門と掛け合うことを約束しました。それによって、取りあえず八右衛門から訴えられることは免れましたが、ほかにも借金返済を迫る貸し手は何人もいました。そして、天保六年七月には、とうとう貸し手の一人で江戸の町人の三河屋忠八（みかわやちゅうはち）が実際に訴訟を起こしたのです。

江戸の芝田町（しばたまち）七丁目に住む三河屋忠八は、自分の代理として使用人の彦兵衛（ひこべえ）を原告に立て、知行所七か村のうち山野下村の三人、地頭方村の三人、大谷口村の二人（名主五右衛門と組頭安右衛門（やすえもん））の計八人を被告として、江戸町奉行所に訴え出ました。直接の被告は八人ですが、実際には知行所七か村を相手取った訴訟です。

三河屋忠八の代理の彦兵衛は、「被告の者たちが、土屋家で金が必要だからと言って、借金を申し込んできたので、文政一二年（一八二九）七月に山野下村と地頭方村の六人に対して金一〇〇両を、文政一三年一一月に大谷口村の二人に対して金一〇〇両を、いずれも証文を取り交わしたうえで貸しました。ところが、返済期限が来ても、彼らは借金を返そうとしません。返済が滞った際には、村々から土屋家に納める年貢米を忠八への返済に振り向ける約束でしたが、それも実行されません。たびたび催促しても埒が明かないので、たいへん困っております。どうか、被告の者たちに、借りた金の元利全額を返済するようお命じください」と願っています。

この訴訟は、幕府の評定所（老中・寺社奉行・勘定奉行・町奉行で構成される幕府の最高評決機関。現在の最高裁判所に相当）で審理されることになりました。彦兵衛の訴えに対して、大谷口村では、被告二人の代理として、名主（大熊）伊兵衛が次のような内容の返答書を提出しています。

私ども（大谷口村名主五右衛門・組頭安右衛門・名主伊兵衛）は、原告の忠八なる者をまったく存じませんし、証文を取り交わして金を借りた覚えもありません。もっとも、文政一三年に、当時土屋家の用役を勤めていた松本定之進から、村役人たちの印鑑をまとめて持参するように言われたので、私（伊兵衛）が印鑑を取り揃えて江戸に出向きました。

すると、定之進から、「土屋家で金一〇〇両を借りる必要があるので、大谷口村の村役人たちが連帯保証人になってほしい」と言われました。そこで、土屋家の御為になると思って、宛先が記されていない証文に、五右衛門と安右衛門の名前を書き捺印した覚えはあります。したがって、私どもは、土屋家が誰から金を借りたのかは知りません。また、このとき土屋家からは、「この金一〇〇両の元利返済に関しては、大谷口村にはいっさい迷惑をかけない」と記した下知書をいただきました。

もしかすると、今回忠八が返済を求めているのは、このときの金一〇〇両なのかもしれません。忠八が、土屋家が借りた金一〇〇両と関係があるのは確かなようです。当時の用役松本定之進は、天保二年に不正が発覚したため、江戸屋敷から逐電（ちくでん）（行方をくらますこと）して、今もって行方が知れません。土屋家はあちこちに金一万両余りの莫大な借金があり、財政は逼迫しています。そのため、知行所村々ではかなりの年貢を先納していますが、とりわけ大谷口村は江戸に近いということで、臨時に急な支出を求められることがあり、ほかの知行所村々以上に土屋家のために出金しております。さらに、今は土屋家への月々の仕送りもしておりますので、とても忠八への返済に充てる金はありません。

どうか、土屋家の用役を呼び出して事情を聞いてください。また、忠八には、以上述べた村の窮状に配慮して、返済条件を緩和するよう説諭してください。

大谷口村名主伊兵衛は、このように述べています。ここでも、松本定之進の不明朗なやり方が問題の根本にあることがわかります。定之進は、伊兵衛に契約相手や内容を知らせないまま、借金証文に署名捺印だけさせたのです。それが、忠八からの借金だった可能性は高いでしょう。

伊兵衛は、返答書で、①今の大谷口村の百姓たちには、忠八に金を渡せるような経済的余裕がないこと、②これは主要には土屋家の問題なのだから、評定所では土屋家の用役を吟味してほしいこと、を主張しています。

残念ながら、この訴訟がこのあとどうなったかは、関係文書が残っていないためわかりません。ただ、天保六年に、大谷口村は、年貢のうちから金一九両ほどを、忠八との裁判関係で支出しています。忠八が大谷口村に返済を求める金一〇〇両のうち一部を返済することで、取りあえず訴訟を取り下げてもらったのかもしれません。

なお、三河屋忠八が訴訟を起こしたのと同じ天保六年七月に、土屋家では大谷口村に対して、それまで大谷口村から上納してきた金二一〇両（土屋家に返済義務あり。天保四年一月時点の先納金一七四両からさらに増えています）のうち、金一〇五両を返済しないと通告し、残る金一〇五両を無利息一〇年賦で返済すると伝えています。債権の半額を帳消しにされた大谷口村としては、三河屋忠八との訴訟と合わせて踏んだり蹴ったりの思いだったでしょう。

・山田屋金右衛門との訴訟

天保六年（一八三五）には、もう一つの訴訟事件が起こりました。天保六年八月に、江戸浅草猿屋町（あさくささるやちょう）の町人山田屋金右衛門（やまだやきんえもん）が、使用人の常蔵（つねぞう）を代理に立てて、江戸町奉行所に訴え出たのです。訴えられたのは、猿ケ島村の四人、山野下村の四人、地頭方村の四人、大谷口村の三人（名主兼組頭伊兵衛・同五右衛門・百姓代竹治郎（たけじろう））、栗ケ沢村の三人、中野村の四人、武井村の三人、計二五人の村役人たちでした。

訴えの内容は、「山田屋金右衛門が、天保四年四月に、土屋家の知行所七か村に、米を担保にして金一〇〇両を貸したが、返済期限が来ても返済されないので、七か村に元利の返済を命じていただきたい」というものでした。この訴訟も、幕府の評定所で審理されることになりました。

金右衛門の訴えに対して、知行所七か村の側は、天保六年一〇月二一日に江戸町奉行所に返答書を提出しました。そこには、次のように記されていました。

> このたび山田屋金右衛門が返済を求めている金は、土屋家の現当主土屋長三郎（太刀三郎）の祖父土屋筑後守（ちくごのかみ）が借用したものです。当時、金右衛門は、土屋家の蔵宿（くらやど）（旗本の年貢米や幕府からの俸給の受け取り・換金を行なっていた商人）でしたので、その関係で土屋筑後守に金を貸したのです。この借金を返済しないうちに筑後守が死去したため、天保四年に金右衛門は土屋家に返済の催促をしてきました。しかし、困窮していた土屋家は返済を先延ばしにしたため、金右衛門は、「知行所村々が返済の連帯責任を負って、その旨を記した証文を渡してくれるなら、返済条件を緩めて、長期間の年賦返済を認めましょう」という提案をしてきました。
>
> 土屋家から金右衛門の提案を受け入れるよう求められたので、村々では仕方なく、それまでの利息も含めて元利金一〇〇両の借用証文を書きました。証文の文面では、米を担保にして借りた金一〇〇両を期日通りに返済することになっていますが、実際は長期間の年賦返済でよいということで話がまとまっていたのです。

土屋家はあちこちから金一万二〇〇〇両余の借財があり、知行所村々からは御用金（村々から土屋家への貸金）を差し出したり、年貢の先納をしたりしているので、村々から金右衛門に返済する余裕はありません。村々では、連年の不作に加えて、天保四年の大凶作のために、餓死する者まで出ているありさまです。さらに、今年（天保六年）も不作なので、ますます金右衛門への返済は困難な状況です。

金右衛門からの借金はもともと土屋家が借りたものですので、どうか土屋家の用役を評定所に呼び出して、金右衛門に返済するための金を知行所村々に下付するよう命じてください。さらに、金右衛門も呼び出して、貸金の取り立ては慈愛の心をもって、年賦での返済金を気長に受け取ってくれるよう仰せ付けてください。

知行所村々は、このように弁明しています。土屋家の負債は、三河屋忠八への返答書では金一万両余ということでしたが、こちらでは金一万二〇〇〇両余となっています。どちらが正しいかはわかりませんが、いずれにせよ莫大な金額であることは確かです。土屋家の知行地（領地）の石高は一一四九石余、この四割が年貢だとすると年貢米は約四六〇石となります。一石＝一両とすると、金四六〇両です。これが、土屋家の一年間の基本収入なのです。それと比較すると、金一万両は土屋家の年収の何と約二二年分に相当するわけで、これがいかに莫大な負債であるかがよくわかります。とうてい、一朝一夕（いっちょういっせき）で返せるものではありません。

土屋家は、貸し手に対しては、利息だけ支払うとか、元金の一部のみ返済するとかして、当面はそれで勘弁してもらうとともに、知行所村々に対しては、御用金を借りたり、年貢を先納させたり、土屋家の借金の連帯保証人にしたりして、村々に負担を転嫁することで当座を凌いでいたのです。村々の百姓たちは、土屋家からの負担転嫁に加えて、「天保の飢饉」による凶作の被害を受けて、経営を悪化させていました。とても、金右衛門にすぐ借金を返せるような状況ではなかったのです。

山田屋金右衛門との裁判も、三河屋忠八との裁判と同様、どのように決着したかは関係文書が残っていないためわかりません。ただ、翌天保七年四月に、知行所七か村は山田屋金右衛門から金八〇両を借りています。これは、土屋家から命じられた御用金を調達するための借用でした。同年一一月に、村々から土屋家に納めるべき年貢米九六石を金右衛門に渡すことで返済するという契約でした。もちろん、土屋家もそれを了承しています。

ただし、年貢米の売却代金をもって、金八〇両を一括返済するというわけではありません。江戸に送った年貢米の換金を金右衛門に委託し、販売代金のなかから一部を毎年金右衛門が受け取るというかたちで、一五年かけて元金八〇両を返済していくという契約でした。また、返済が進んで、数年後に元金の残額が減少してきたら、山田屋金右衛門から知行所村々に追加の貸金をすることも想定されています。

このように、天保七年四月の金右衛門と村々との契約は、村々にとってかなり有利な条件になっていました。ここから、天保六年の両者の裁判の結果は不明なものの、裁判の結果両者の関係が断絶することはなく、何らかのかたちで両者は折り合いを付けて、天保七年以降も金右衛門が知行所村々に融資する関係が続いていったことがわかります。村々にとってそれが好都合なのは言うまでもありませんが、金右衛門にしても、村々の実情がわかっているだけに、村々と土屋家を援助して、百姓たちの暮らしと土屋家の財政が好転するのを気長に待ち、少しずつ債権を回収していくのが得策だと判断したのではないでしょうか。こうして、村々は裁判の結果、被告の百姓たちが全財産を差し出して返済に充てるといった最悪の事態だけは免れることができました。

・須藤久三郎の罷免要求・再び

翌天保八年（一八三七）には、須藤久三郎問題が再燃しました。前述したように、天保五年に知行所村々は、土屋家の親類小田切家に、須藤久三郎の追放を願い出ました。しかし、村々の願いは実現せず、須藤はそのまま土屋家に居座って、同家の家政を主導し続けました。そこで、知行所村々の村役人たちは、天保八年三月に、土屋家の親類巨勢（こせ）家に須藤の行状（ぎょうじょう）を訴え出たのです。村役人たちが差し出した願書には、次のように記されていました。

　土屋家の財政が逼迫しているため、知行所の百姓一同も難渋しております。そうしたなかで、須藤久三郎殿がこれまで土屋家の財政全般を取り仕切り、知行所村々への対応も担当してきました。しかし、土屋家の財政は一向に好転せず、いろいろと差し支えが生じております。そのため、久三郎殿は知行所村々に年々先納金を賦課してきました。

　村々にとっては迷惑なことでしたが、これも土屋家のためだと思って、一所懸命努力して先納金を差し出してきました。しかし、これでは際限がなく、どれだけ先納金を出せば土屋家の財政が立ち直るのかもわかりません。こうした久三郎殿のやり方には、まったく納得できません。私ども一同（知行所村々の村役人たち）は、今のうちに土屋家の財政健全化の計画を確立し、それを実現したいと願っております。また、私どもが土屋家の御用で出府した際、御用が済んでも、久三郎殿はどういうつもりか、私どもをなかなか帰村させてくれません。そのため、土屋家も私どもも無用の出費をさせられております。

私どもは、もはやどのような案件であっても、久三郎殿の指図に従うことはできません。どうか、御親類様方のお力で、久三郎殿を土屋家から排除して、土屋家と私どもでじっくり話し合いができるようにお取り計らいください。

このように、知行所村々の村役人たちは、あらためて須藤久三郎の指図には従えない旨を明言し、彼を土屋家の江戸屋敷から追い出してほしいと願っているのです。それを直接土屋家には言いにくいため、土屋家の親類に願い出ているところは天保五年と共通しています。この村々の願いが実現したかどうかは、願い出の結果を示す文書が残っていないのではっきりわかりません。しかし、これ以後、大熊家に伝わる古文書のなかに須藤久三郎の名前が出てこないところをみると、村々の願いがかなえられた可能性が高いのではないかと思われます。

江戸時代後期には、須藤久三郎のように、それまで何の縁もなかった旗本家に雇われて、家政を取り仕切るような人物が増えてきました。代々同じ主君に仕える譜代（ふだい）の家臣が減り、能力を買われて新たに召し抱えられる者が増加したのです。複数の旗本家を短期間で渡り歩く者も珍しくありませんでした。終身雇用制度が崩れてきたのです。

そうした新規雇用の家臣は、家政運営の手腕を買われて召し抱えられたわけですから、旗本財政の立て直しのために、短期間で結果を出すべくいろいろな手を打ちます。その中心が、知行所村々への御用金や過大な先納金の賦課でした。したがって、彼が辣腕（らつわん）を振るえば振るうほど、村々には過重な負担が押し付けられることになります。須藤久三郎の場合もご多分に漏れず、知行所村々に過分な先納金の上納を強く迫りました。そのため、知行所村々の反発を招き、彼の罷免要求が出されるに至ったのです。須藤久三郎の出現によって、天保四年三月の「下知書」で定められた土屋家の財政再建計画は反故（ほご）にされてしまったわけです。

・村請制が生み出す対立

土屋家から課される過大な負担は、知行所村々と土屋家との矛盾を拡大しただけでなく、村の中において、村役人と小前（こまえ）（村役人ではない一般の百姓）たちとの対立をも引き起こしました。そこには、第一章で述べた村請制の仕組みが関係していました。あらためて簡単に述べますと、村請制とは、年貢や先納金など領主から村々に賦課される諸負担が、領主から直接個々の百姓に課されるのではなく、村全体に対して一括して課される仕組みです。村では、課された諸負担を、名主・組頭を中心に、村人たちが相談して、各村人に割り当てるのです。そして、村人たちは、自らの負担分を名主に納め、名主が村全体の分を取りまとめて領主に上納しました。領主に返済義務のある先納金（名目上は年貢の前納ですが、それがたまると実質的には領主の村からの借金となります）が返済されるときには、領主から名主に全村の分が一括して返済されるので、名主はそれを村人たちに各自の出金額に応じて割り戻します。このように、領主と百姓とのやり取りが、村という団体を通じてなされる仕組みが村請制です。年貢徴収など本来領主が行なうべき業務を、村が請け負って代行しているのです。そして、この請負業務は、名主などの村役人が中心的に担っていました。

こうした村請制のもとでは、名主と小前との対立が発生しやすくなります。名主が、村人たちから集めた年貢をきちんと領主に上納せずに着服したり、領主から返済された先納金を村人たちに分配せずに横領したりする余地が生じるからです。故意でなくとも、名主が計算間違いや、年貢の納め忘れ・先納金の戻し忘れをしてしまうこともあります。

そのため、小前たちが名主の会計処理に疑惑を抱いて、名主を問いただしたり、名主の不正を領主に訴えたりすることが起こります。こうした名主と小前たちの対立・抗争を村方騒動(むらかたそうどう)といいます。村方騒動は、同じ村内の百姓同士の争いです。騒動といっても、必ずしも暴力行為などに発展するわけではなく、言い争いや訴訟になることがほとんどです。領主が小前たちから直接年貢や先納金を取り立てていれば、それらをめぐっては、領主と小前の間で対立が生じます。ところが、村請制のもとでは、年貢や先納金をめぐる小前たちの疑惑や不満は直接領主に向かうのではなく、名主に向かうことになるのです。

このように、村請制は、領主にとっては、小前たちの批判の矛先が直接自分に向かないようにする緩衝材の役割を果たしたのです。こう言うと、村請制は領主にとってだけ都合のいい仕組みのように思えますが、それだけではありません。村人たちが年貢等の負担額を自分たちで確定し、納得ずくで納めるという点では、村請制は村人たちの自治と主体性を育む積極的な意味をもっていました。

・村方騒動が起こる

村請制についての一般的説明は以上にして、ここで天保八～九年（一八三七～一八三八）に大谷口村で起こった、村請制に起因する村方騒動について述べましょう。大谷口村ではそれまで名主二人体制をとり、そのうちの一人が一年交替で村の最高責任者（年番名主）になっていましたが、天保八年には、それまで名主を務めていた五右衛門が辞任し、伊兵衛が死去しました。それを機に、小前たちは、伊兵衛と五右衛門の在職中に、村の財政運営に不適切な点があったのではないかと疑惑を抱いて、代表を立てて土屋家に訴え出ました。村方騒動が起こったのです。このとき、五右衛門は存命でしたが、伊兵衛は死去していたため、跡を継いだ与市（のちの大熊家一〇代目伊兵衛）が訴訟の矢面に立ちました。

この騒動は、土屋家による審理中に、大谷口村の近くの小金町と鰭ケ崎村の有力者が仲裁に入って関係帳簿を精査した結果、天保九年五月一八日に示談が成立しました。示談の内容は、次のとおりです。

①　伊兵衛・五右衛門の在職中に、それまでの土屋家への先納金二一〇両のうち、半分の金一〇五両が土屋家への献金扱いとなって、村人たちには返済されないことになった。残る金

一〇五両については、年賦返済とされた。献金扱いにされた金一〇五両は、百姓たちが借金して先納したものなので、土屋家から返済されなくても、百姓たちの貸し手への返済責任はそのまま残った。そのため、伊兵衛と五右衛門が返済に関する処理を任された。

そこで、二人は、小前たちから借金返済に充てるために金一五両を徴収した。しかし、そのとき小前たちに十分事情を説明しなかった。説明が不十分だったのは伊兵衛と五右衛門の責任なので、二人が集めた金一五両のうち一〇両を、二人（伊兵衛に関しては相続人の与市）から小前たちに返金する（金五両は返金免除）。返金された金一〇両は、小前たちで分配する。

② 天保六、七両年に、土屋家から先納金の返済分として金二一両が村に下付されたが、この金については天保九年になっても村内で未処理のままであった。この金二一両のうち金七両は、伊兵衛・五右衛門の出金分なので、二人が受け取る。残りの金一四両は、伊兵衛（実際は与市）・五右衛門が小前たちに渡す。この金一四両は、先納金の出金者のうち、伊兵衛・五右衛門を除く二〇人で分配する。

以上の内容を記した議定書（ぎじょうしょ）（取り決め書）を、小前たちの代表と組頭・百姓代が、五右衛門と伊兵衛の子で相続人の与市との間で取り交わすことで、この村方騒動は解決したのでした。

示談の内容から、伊兵衛と五右衛門には横領・着服などの不正はなかったことがわかります。しかし、①にあるように小前たちに説明不十分なまま出金させたり、②のように未処理の割戻し金があったりと、二人の村財政運営には疑惑をもたれる要素があったことも否定できません。そこで、議定書を交わして疑惑を払拭し、村人同士のわだかまりを解消したのです。

この村方騒動は、土屋家の財政難にともなう先納金の賦課と、その村における徴収・返済などの会計処理が名主に一任されたことによって起こったものでした。土屋家が債務不履行をしたりせず、先納金をきちんと全額返済していれば起こらなかった問題です。また、土屋家が先納金の返済分を直接個々の村人に渡していれば、名主が訴えられることはありませんでした。名主が、土屋家と村人たちの間に立って、会計処理の責任者となっていたことによって起こった村方騒動だったのです。したがって、この村方騒動には、村請制という江戸時代の基本的な徴税システムが大きく関わっていたといえます。

第五章　百姓と領主の微妙な関係

・天保の改革の衝撃

天保(てんぽう)九年（一八三八）の村方騒動以降しばらくの間は、土屋家と知行所(ちぎょうしょ)村々の間で大きな問題は起こっていません。その背景には、「天保の飢饉」が天保八年頃には終息に向かい、農作物の収穫が増えて、百姓たちが暮らしにゆとりを取り戻したことがあったのでしょう。

そうしたなかで、天保一四年に、幕府は旗本たちにとっては大きな朗報となる一つの政策を実施しました。当時は、幕府も旗本たちも財政難に苦しんでいましたが、さらに国内では百姓一揆が頻発し、海外からは異国船の来航が増加するという、まさに「内憂外患(ないゆうがいかん)」の状況にありました。

こうした状況を打開するため、幕府の老中水野忠邦(みずのただくに)は、天保一二年から、幕府政治の立て直しを目指して「天保の改革」を開始しました。改革政策の内容は、厳しい倹約、物価の強制的引き下げ、江戸に流入した貧民を帰村させる「人返し(ひとかえし)の法」、株仲間(かぶなかま)（商人たちの独占的同業者組織）の解散など多岐にわたりましたが、その一つに旗本・御家人の救済策がありました。

すなわち、天保一四年一二月に、その当時、旗本・御家人が札差(ふださし)（＝蔵宿(くらやど)。旗本・御家人の俸給米の受け取り・換金などを担当し、俸給米などを担保に旗本・御家人に融資を行なった商人）などから借りていた金を、契約時の返済条件を無効化して、無利息年賦返済にしたのです。無利息かつ長期の年賦返済という旗本たちに有利な返済条件に変更することによって、財政難に苦しむ旗本たちを救済しようとしたのです。

この政策は、土屋家にとっても、まさに「天の恵み」だったでしょう。土屋家では、早速天保一五年（＝弘化（こうか）元年、一八四四）から個々の商人と交渉して、返済条件の改定を行ないました。その具体的状況を、貸し手ごとにみてみましょう。

・山田屋金右衛門（やまだやきんえもん）・・・知行所七か村が土屋家への先納金を調達するために借りた金八四両二分を、無利息・二〇年賦での返済としています。一一九ページ以下で述べたように、彼とは天保六年に訴訟沙汰になりましたが、それ以降も金融関係が継続していたのです。

・近江屋喜左衛門（おうみやきざえもん）・・・土屋家が借りた金四五九両余のうち、金二五九両余は返済免除とし、残る金二〇〇両を、無利息で、毎年金一両ずつ二〇〇年かけて返済することとしています。借金の半分以上を踏み倒し、残金は二〇〇年賦返済という、信じられないくらい土屋家に有利な返済条件になっています。

・永来屋久左衛門（きゅうざえもん）・・・土屋家が借りた金八二五両のうち、金七二五両は返済免除とし、残る金一〇〇両を、無利息で、毎年金二分（ぶ）ずつ二〇〇年かけて返済することとしています。近江屋喜左衛門の場合以上に、土屋家に有利な返済条件です。

・成井屋昌三郎（しょうざぶろう）・・・土屋家が借りた金六五両を無利息で、毎年金一両ずつ六五年かけて返済することとしています。大谷口村と栗ケ沢村が、返済について連帯保証しています。

・三河屋忠八（みかわやちゅうはち）・・・土屋家が借りた金一〇〇両について、まず天保一五年に金一両を返し、残る九九両を無利息で、毎年金三分ずつ一三二年かけて返済することとしています。大谷口・山野下・地頭方三か村が連帯保証しています。天保六年に裁判になった三河屋忠八との金融関係が、依然として続いていたことがわかります。

・升屋嘉兵衛・・・土屋家は升屋から金五〇〇両を借りており、その返済が滞ったため、文政一一年（一八二八）と天保七年（一八三六）に、幕府に訴えられました。その結果、借金は分割返済することになりましたが、その後元金五〇〇両は未返済のまま、その利息が弘化二年（一八四五）八月時点で何と金一八三七両に膨れ上がってしまいました。弘化二年八月に、元利合計金二三三七両のうち金五三一両二分は返済しましたが、残額がまだ金一八〇五両二分ありました。そこで、土屋家から升屋に頼みこんで、金一八〇五両二分のうち金一一〇五両二分は返済を免除してもらいました。残る金七〇〇両については、無利息で、弘化二年から四年間は年に金二両二分ずつ、五年目からは年に金三両ずつ返済していき、合わせて二三四年かけて完済することを取り決めています。

以上の商人たちとの取り決めは、嘉永三年（一八五〇）まではおおむね履行されています。土屋家としても、返済条件を大幅に緩和してもらったことで、何とか返済が可能になったのでしょう。

新たな取り決めでは、返済期間は最短でも二〇年、最長では何と二三四年にも及んでいます。貸し手六人のうち四人が返済期間一〇〇年以上、三人が二〇〇年以上です。これでは、貸し手・借り手とも存命中には返済が終わらず、土屋家は以後何代にもわたって返済を続けていくことになるでしょう。これは商人たちにとっては大損のようにみえます。確かに一面ではそのとおりなのですが、升屋嘉兵衛の場合をみると、彼は元金五〇〇両に対して金五三一両二分を弘化二年八月時点で受け取っています。つまり、少なくとも元金は回収できているのであり、あとは以後二三四年間毎年一定額を受け取っていくことになります。そう考えると、升屋も少なくとも損はしていないという見方もできます。こうしたこともあって、商人側もしぶしぶ無利息長年賦返済を受け入れたのではないでしょうか。

嘉永元年（一八四八）一一月には、知行所七か村が江戸の町人清水屋八右衛門と新たな取り決めをしています。前述したとおり、清水屋は文政一三年（一八三〇）から天保三年（一八三二）まで、土屋家に仕送りをしていましたが、その回収をめぐって、天保四年に裁判を起こしました。そして、示談の結果、金六四〇両余におよぶ土屋家と知行所村々の負債は、天保五年から六年賦で返済することになりました。

しかし、返済は取り決めどおりにはいかなかったようで、嘉永元年一一月時点で金七〇五両の債務残額がありました。新たな借金や利息の累積によって、残額が膨らんでしまったのでしょう。そこで、知行所村々と清水屋が相談した結果、このうち金四五五両は返済を免除してもらい、村々では残る金二五〇両を無利息で、年に金二両二分ずつ一〇〇年かけて返済することになりました。ここでも、ほかの商人たちと同様に、清水屋が返済条件について大幅に譲歩しています。

また、嘉永四年には、大谷口・栗ケ沢・中野・猿ケ島四か村の村役人たちが、土屋家への上納金に充てるために、江戸の町人だと思われる壺泉屋伊平次から金一〇〇両を借りています。天保一四年の幕府の旗本救済策によって一息ついた土屋家と知行所村々でしたが、その後も負債の返済が続くとともに、村々が新たに借金して土屋家に上納するというあり方に根本的な変化はありませんでした。

・幕末になっても続くせめぎ合い

嘉永六年（一八五三）六月には、アメリカ東インド艦隊司令長官ペリーが「黒船(くろふね)」（軍艦）四隻を率いて浦賀(うらが)沖に現われ、幕府に開国を要求しました。いよいよ、対外情勢が風雲急を告げてきたのです。二〇〇年以上続いた「鎖国」（海禁(かいきん)）体制が崩れようとしていました。そうしたなかで、土屋家と知行所村々との関係はどうなっていったでしょうか。

少し結論を先取りして言うなら、これまで述べてきたあり方が継続する面と、新たな要因が加わった面との両方がありました。前者については、土屋家の財政難が解消せず、知行所村々には相変わらず先納金や御用金が賦課されたため、村々がそれに抵抗するという基本的構図に大きな変化はなかったということです。

一方、諸外国との間で緊張が高まったことにより、旗本たちは幕府から武力を強化するよう命じられました。外国との戦(いくさ)に備えて、武器などを怠りなく準備しておけというわけです。そして、それは旗本だけの問題ではなく、知行所村々にも大きな影響を及ぼしました。こちらが、新しく加わった要因です。ここからは、この両側面に留意しつつ、幕末の状況をみていきましょう。

まず、従来どおりのあり方が続いていたことを示す一例をあげましょう。嘉永五年四月に、土屋家は、大谷口村に、土屋家の借金返済に充てるため、年貢のほかに金二〇両を上納するよう求めてきました。その半額の金一〇両は、四月二〇日までに納めよという急な命令です。これに対して、大谷口村の村役人たちは、「土屋家がお差支えになっていることはまことに恐れ入りますが、どうか百姓をお憐れみくださり、上納金は免除してくださるよう願い上げます」と返答しています。このあと上納金が免除されたかどうかわかりませんが、ここからは、財政難を知行所村々に転嫁しようとする土屋家と、過重な負担を拒否したい村々とのせめぎ合いという構図が相変わらず継続していることがわかります。

以後も、土屋家と知行所村々の間では、毎年の収支決算において、土屋家の借り越しが続き、その額は年々増加していきました。文久元年（一八六一）末には、大谷口村が同年分の年貢等を余分に納めた分が金一一一両三分二朱余、さらに翌文久二年分の年貢を先納した分が金一〇〇両一分一朱もありました。

次に、対外危機によって新たな要素が加わった面に目を向けましょう。嘉永六年一一月には、土屋家から知行所七か村に、武具・馬具の購入費用として合計金八〇両の上納が命じられました。長い泰平のもとで、旗本たちはいつしか戦への備えをおろそかにしていました。それが、にわかに外国と一戦交えるかもしれないという状況になったため、慌てて武装を整えようとしているのです。

土屋家の上納命令を受けて、大谷口村では、嘉永六年一一月から翌年二月にかけて、「異国船につき御入用金」として金一六両一分を上納しています。これは、返済不要の献金ではなく、土屋家の借用金であり、利息を付けて五か年賦で返済するという取り決めになっていました。大谷口村では、この金を村民二三戸（うち二戸は常真寺と東光院という寺院）に、各戸の経済力に応じて出金額に差をつけつつ割り当てています。この金一六両一分については、実際に五年間で土屋家から大谷口村に対して元利の返済が終わっています。

嘉永六年六月に初めて日本に来航したペリーは、開国についての幕府の回答を聞くために、翌嘉永七年（＝安政(あんせい)元年、一八五四）一月に七隻の艦隊を率いて再度来航しました。その威力に屈した幕府は、同年三月に日米和親条約(にちべいわしんじょうやく)を結び、下田(しもだ)・箱館(はこだて)（函館）の二港を開くことなどを取り決めました。ここに、「鎖国」政策は転換することになったのです。同時に、幕府にとっては、諸外国に対抗し得る軍事力の強化が急務となり、旗本たちにもさらなる負担が求められました。そして、その負担は、結局、知行所村々に降りかかってきたのです。

それに加えて、安政二年一〇月には江戸で大地震が起こって、土屋家の江戸屋敷も大きな被害を受けました。そこで、土屋家では武備の充実に加えて震災からの復興資金も必要になったため、知行所村々にはさらなる出金が命じられることになりました。

・伊兵衛、栗ケ沢村の争いを調停する

土屋家の知行所七か村は、地理的には、下総国(しもうさのくに)と武蔵国(むさしのくに)に各二か村、常陸国(ひたちのくに)・上総国(かずさのくに)・相模国(さがみのくに)に各一か村と、関東各地に分散していました。下総国の大谷口村と栗ケ沢村は近い距離にありましたが、互いに遠方の村も多かったのです。

また、知行所七か村は、それぞれに置かれた条件が異なっていました。大谷口村のように、一村全体が土屋家の知行所だった村もあれば、一村を土屋家とほかの領主が分割支配している村もあり

ました。後者のように、一村が複数の領主の領地（知行地）に分割されている村を相給村といいます。

このようにそれぞれ異なった条件の下でも、前述したように、知行所七か村は、足並みを揃えて土屋家に統一要求を提出していました。村々が一致団結したほうが、要求が通る可能性が高かったからです。

江戸時代は、現代のように情報・通信・交通手段が発達していませんでした。電話・メール・ラインなどは一切なく、電車や車で移動することもできなかったのです。そのなかでも、知行所七か村の村役人たちは、土屋家の御用で江戸に集まった際に相談したり、手紙をやり取りしたりして、意見交換しつつ合意をつくり上げていったのです。

また、どこかの村で村人同士の争いが起こり、村内では解決困難なときに、土屋家知行所のほかの村の村役人が仲裁に入って争いを解決することもありました。そうしたかたちでも、知行所村々は互いに助け合っていたのです。その実例を、以下にご紹介しましょう。

土屋家の知行所の一つである栗ケ沢村には、土屋家の知行地のほかに、幕府領と旗本筧家の知行地がありました。村としてはひとまとまりでありながら、そのなかが土屋家・幕府・筧家の三人の領主に分割統治される相給村だったのです。相給村には、領主ごとにそれぞれ名主以下の村役人が置かれていました。領主が三家あれば、村内に名主も三人いたのです。

こうした相給村は、関東地方に広くみられました。相給村の内実は、一村が一人の領主に統治されるシンプルな村に比べると、かなり複雑になっています。

相給村である栗ケ沢村では、嘉永六年（一八五三）に一つの事件が起こりました。隣り合う八ケ崎村との争いです。現代の国家にとって領土の範囲を示す国境が重要なのと同様に、江戸時代の村にとっても村の領域の範囲を示す村境はたいへん重要でした。ほかの村による村境を越えての領域侵犯は、見過ごすことのできない大問題だったのです。そして、江戸時代においては、村境が林野であることが一般的でした。田畑が境のこともありましたが、林や野原のなかに境界があることのほうが多かったのです。

栗ケ沢・八ケ崎両村の争いの原因は、八ケ崎村が両村の村境を越えて、栗ケ沢村の領域内の野原で松や杉の植林を行なったことでした。栗ケ沢村がそれに抗議して、嘉永六年四月に両村の争いになったのです。栗ケ沢村は相給村でしたが、他村との争いに際しては、領主の違いを超えて、村内が一丸となって当たる必要がありました。村内がバラバラでは、争いに勝てないからです。ところが、栗ケ沢村土屋家知行所の名主吉兵衛だけは、ほかの村役人たちと意見を異にしていました。

吉兵衛の言い分は、争いに多額の費用をかけては村人たちが困窮するから、八ケ崎村と争うことには反対だというものでした。確かに、両村の争いが話し合いで解決できずに、幕府の法廷での裁判ともなれば、村の代表は江戸に呼び出され、江戸までの旅費や江戸での宿泊費など多額の費用がかかります。吉兵衛は、それを心配したのでした。

村境の侵犯を咎めるのが大事か、村人の負担増を回避するのが大事か、その判断は難しいところです。しかし、吉兵衛以外の村人たちが前者を重視して、一致して八ケ崎村に抗議しようとしているときに、一人だけそれに反対する吉兵衛の主張は村の和を乱すものでした。そのため、幕府領と筧家知行所の村役人はもとより、土屋家知行所の組頭久左衛門・百姓代久右衛門も吉兵衛を批判し、彼と対立することになりました。

それでも、八ケ崎村との争いは、嘉永六年四月に、同村が植えた苗木を抜き取ることで決着しました。栗ケ沢村の主張が通って、スピード解決したのです。しかし、吉兵衛とほかの村人たちとの対立はすぐには解消しませんでした。

吉兵衛と組頭久左衛門・百姓代久右衛門の双方が、それぞれ土屋家に事情を報告したため、土屋家では、嘉永六年四月に、大谷口村の名主伊兵衛と元名主安右衛門（当時は土屋家の用役になっていました）に調停を命じました。栗ケ沢村土屋家知行所で名主と組頭・百姓代という村役人同士が対立している以上、村内での解決は困難です。そこで、近隣の土屋家知行所の有力者に解決を托したのです。解決を托された二人は、早速栗ケ沢村に出向いて、双方の当事者から話を聞くなどして調停に当たりました。

しかし、すぐには双方の妥協点が見出せず、そこに安右衛門の病気なども重なって、話し合いは長引きました。それでも、嘉永六年八月末には、吉兵衛が名主を辞職し、代わりに啓蔵が組頭になることで和解が成立しました。九月一二日には、江戸で、吉兵衛と久左衛門・久右衛門、それに仲裁に入った伊兵衛らが集まって手打ち（和解を祝う会合）が行なわれています。

このように、知行所のうち一つの村だけでは解決できない問題が起こったときには、ほかの知行所村の村役人が解決に尽力したのです。それは、土屋家の意向でもありました。知行所村々は、こうしたかたちでも相互に助け合っていたのです。

知行所村々の協調の事例を、もう一つあげましょう。嘉永七年（＝安政元年、一八五四）二月に、知行所七か村の村役人たちは、前月のペリーの再来航を受けて、土屋家から徴発される人足（労働者）の人数が増加したため、彼らに支払う賃金を一人の一日一夜の出動につき銀三匁とすることを取り決めています。

村人たちは江戸まで人足に派遣されている間は農作業ができないので、その補償のために、村々では人足に賃金を支払いました。土屋家では、村人たちの休業補償までは面倒を見てくれなかったのです。そこで、知行村七か村では、人足に支払う賃金の額がバラバラではまずいので、賃金の統一基準を定めるとともに、七か村全体で人足の総人数と賃金を統一的に掌握・管理することによって、特定の村にだけ負担が偏ることを避けようとしたのです。こうしたかたちで、知行所村々は、土屋家から課される負担増を何とか乗り切ろうと努力していました。

・大谷口村・伊兵衛の安政二年の日記から

安政二年（一八五五）は、一〇月の江戸大地震など多事多端な年になりました。そのなかで、大谷口村の名主として、村の運営と土屋家への対応という重責を担った（大熊）伊兵衛はどのような一年を送ったでしょうか。それを知るのに格好の史料があります。伊兵衛が、日記をつけていたのです。ここでは、伊兵衛の日記から、彼が土屋家の御用で出府したときの行動を中心に、彼の一年を追いかけてみましょう。

まず、伊兵衛は、一月一〇日に、土屋家への年始の挨拶のため江戸に出ました。彼は、江戸では土屋家の屋敷地内に建つ長屋に泊まったようです。翌一一日には、ほかの知行所村々の名主たちと一緒に、土屋家の当主・長三郎に面会して年始の挨拶をしました。旗本は江戸時代の領主のなかでは小規模な部類なので、領主と村役人との距離は大きな大名などと比べると近かったのです。知行所七か村からは、年始として、土屋家当主や家族、家臣や奉公人たちに、金銭（合計金一両・銭二貫余）・木綿の反物（一人分の衣服に相当する量の織物）・半紙・海苔・白米などを差し上げています。それに対して、村役人たちには酒が振る舞われ、返礼に半紙が渡されました。

こうした贈答・飲食行為が毎年繰り返されることによって、旗本家当主・家臣と知行所村々の村役人たちとの間には情誼的なつながりが生まれていきます。知行所村々の村役人たちが土屋家からの御用金・先納金賦課に対して反発しつつも断固として断れなかった裏には、両者の間の人間的な結びつきが存在していたのです。

伊兵衛の日記の一月一三日の項には、興味深い記載があります。地頭方村の村役人・仙左衛門の本家が、四〇年前に断絶してしまったのですが、村ではこのほど仙左衛門の弟の園吉を本家の養子にして、本家を相続させようということになりました。その件を、年始のために出府していた仙左衛門から土屋家に願い出たところ、許可されたというのです。分家の仙左衛門が、弟の養子入りという手段によって、断絶した本家を復活させたわけです。では、この話のどこが興味深いのでしょうか。

第一は、村人たちが、村の戸数を減らしたくないという強い思いを抱いていたことです。戸数の減少は村の衰退の表われですし、年貢負担者が減少することで残った家々の負担増につながります。

村請制のもとでは、村に課される年貢量は村全体でいくらと決まっていますから、戸数が減少したからといって村で納入を請け負った年貢量が減額されるわけではありません。断絶した家がそれまで負担していた年貢は、残された村人たちの肩にかかってくるのです。そこで、村人たちは、跡継ぎがおらずに断絶した家を何とか再興しようとしました。この事例では、直接的には分家が本家を再興したわけですが、それは村全体の支持があってはじめて実現したのであり、その意味で家の再興は村全体が望んだ結果でした。

　第二に興味深いのは、家の再興が養子というかたちをとって実現したことです。しかし、読者の皆さんは何かおかしいとお思いにならないでしょうか。普通、養子とは、実子のいない夫婦が自らの意思で養子縁組をして実現するものです。ところが、仙左衛門の本家は四〇年も前に断絶しているので、もちろん本家が自らの意思で養子をとることはできません。そこで、分家の仙左衛門が自分の弟を本家の養子にするというかたちで、本家の再興を実現したのです。そこでは、実際はどうであれ、養子という体裁をとることで、仙左衛門の本家は親から子へと絶えることなく続いているのだという形式を整えることが重要だったのです。その際、継承者は実子である必要はなく、養子でも問題ありませんでした。村の戸数が増えることは大切ですが、それに加えて、まったく新しい家をつくるのではなく、古くからある家（特に本家のような村の古株（ふるかぶ）の家）を絶えさせないことが大事だったのです。ここに、家の永続を目指す江戸時代の百姓たちの思いをみることができます。

　第三に興味深いのは、家の再興が村の判断だけで実現するのではなく、領主の許可も必要だったということです。村の戸数増加は年貢負担者の増加であり、それは安定的な年貢収入につながりますから、もちろん領主も歓迎するところでした。このように、百姓の家とは完全にプライベートな組織ではなく、村と領主の双方に公認されてはじめて存立し得る、なかば公的な組織だったのです。なかでも、村人たちの承認は重要でした。村は家に支えられ、家は村に守られていました。そして、百姓たちの暮らしは、家と村に依拠することで安定し、発展していくことができたのです。

・伊兵衛の安政二年の日記・その二

では、話を戻して、引き続き安政二年の伊兵衛の日記をみていきましょう。一月一〇日に出府した伊兵衛は、一月一三日に帰村しましたが、二月一〇日にまた出府しました。翌一一日には、ほかの知行所村々の村役人とともに呼び出されて、土屋長三郎から金一〇〇両の出金を命じられました。頼母子講（たのもしこう）を始めるという名目です。頼母子講とは、一種の金融組織です。この場合は、土屋家が発起人となり、村々が加入者となります。村々はそれぞれ一定額を出金し（総額で金一〇〇両）、土屋家がそれを全額受け取ります。その後は、土屋家が、最初に受け取った金一〇〇両に利息を加えて、毎年村々に返済していくのです。簡単に言えば、土屋家による、形を変えた村々からの借金です。

村役人たちはこの頼母子講の提案に難色を示し、代案として金二〇両を同年一一月に献金したいと提案しました。献金ですから、返済は不要ということです。さらに、別の代案として、金三〇両を無利息一〇か年賦の返済条件で上納することも申し出ました。

頼母子講への出金であれば年賦で返済されますが、金一〇〇両というのは大金です。そこで、村々では、返済を求めない代わりに金額を二〇両に減らすか、金額を一〇〇両から三〇両に減らすか、どちらかにしてほしいと願ったのです。しかし、結局土屋家側に押し切られて、村々では金一〇〇両を一一月下旬に上納することを受け入れざるを得ませんでした。この金一〇〇両は石高に応じて七か村で割り合うことになり、大谷口村は金二〇両二分を負担することになりました。この金は、大谷口村の村民各戸に、経済力による差をつけつつ割り当てられました。そして、この金二〇両二分は、翌年から一〇か年賦で、毎年金二両二分二朱余ずつ、大谷口村が納める年貢と相殺するかたちで返済されています。

頼母子講の件が決着したため、伊兵衛は二月一四日にいったん帰村しますが、すぐにまた二月一八日に出府し、翌一九日に帰村しました。三月は、二六日に出府し、二七日に帰村しています。このときも、土屋家から大谷口村に金一〇両の出金が命じられています。

その後、伊兵衛は五月二九日に出府し、六月一日に土屋家から裃(かみしも)を拝領して同日帰村しました。六月五日に、伊兵衛はこの裃を村人たちに披露しています。裃は武士の礼装ですから、それを拝領したということは晴れがましいことであり、村人たちにもお披露目(ひろめ)したかったのでしょう。それによって、大熊家の村内での権威は上昇しました。ちなみに、彼は既に嘉永六年（一八五三）以降、裃の着用を許可されています。

七月二日に、伊兵衛と大谷口村の粂之助(くめのすけ)が出府したときには、相模国で洪水があったので、同国の土屋家知行所である猿ケ島村の状況を二人で視察してくるよう命じられました。二人は七月三日に江戸を出て、翌四日に猿ケ島村に到着しました。猿ケ島村では名主藤右衛門(とうえもん)宅に泊まって耕地の被災状況を見分し、その結果を帳面にまとめています。七月八日に江戸に戻り、九日に土屋長三郎への報告を行なったうえで、一〇日に帰村しました。次は九月二八日に出府し、同年分の年貢米の一部が江戸に無事着いたことを確認したりして、同月三〇日に帰村しています。

・大地震が起こる

そうしたところに、安政二年（一八五五）一〇月二日午後一〇時頃に、江戸で大地震が起こりました。伊兵衛が同月五日に出府したところ、早速土屋長三郎から米・金の支援要請があり、翌六日には、大谷口・栗ケ沢両村で金一〇両を、安政二年分の年貢を先納するかたちで一両日中に上納するようにと、文書による正式の下知（命令）が下りました。

一〇月六日から、伊兵衛ら各村の村役人は、江戸で土屋家の倒壊した家屋の片付けに当たりましたが、九日に伊兵衛は倒壊した土屋家の家屋の再建を大工に依頼するためにいったん帰村します。そして、小金町の大工・岩治郎に頼むことができたので、伊兵衛は同月一三日にまた出府しました。同日、岩治郎も江戸に着き、翌一四日から仕事に取り掛かっています。

一〇月一七日には、大谷口村の元名主安右衛門が土屋家に詫び状を提出しました。大地震があった一〇月二日に、安右衛門はちょうど土屋家の御用で同家の江戸屋敷に滞在していたのですが、地震で気が動転したのか、すぐさま屋敷から逃げ出して、土屋家には無断で大谷口村に帰ってしまったのです。安右衛門はそのまま村に留まっていましたが、無断で帰村したままでは済まされないので、一五日に出府して土屋家に詫びを入れています。そして、翌一六日には土屋家に謝罪が聞き入れられたので、一七日の詫び状提出に至ったわけです。

ここで興味深いのは、一七日の詫び状は、安右衛門が土屋家に謝罪を受け入れてくれるよう願い上げる文面になっていることです。しかし、前日の一六日には、すでに安右衛門の謝罪は土屋家に聞き届けられているのです。つまり、実際には謝罪が認められたあとで、かたちの上では謝罪を願う文書をあらためて差し出しているわけです。当然、この詫び状はすぐに了承されました。ここでは、実際には先に話をまとめておいて、あとから形式的に文書を出して、すでに話の付いた内容を願い出ているのです。

同じ一〇月一七日に、同じようなことがもう一件ありました。同日付で、大谷口村名主伊兵衛らが、安政二年は夏にたびたび大風雨があって稲の実りが悪いため、本来は米で納めるべき年貢の一部を金納（年貢を貨幣で納めること）させてほしいと、文書で願い出ています。しかし、同日、この願書を提出する前に、すでに伊兵衛と土屋家との間では話がまとまっており、土屋家は大谷口村に米の代わりに金三両の納入を命じているのです。ここでも、先に対談によって合意が成立したあとで、あらためて文書で願い出るという手順が踏まれています。

土屋家としては、あくまで村側が正式に文書で願い出てきた事柄を、文書内容を検討したうえで了承するという手続きが必要でした。領主と領民の関係は、もはや口頭での合意だけで済む間柄ではなかったのです。文書行政の発達といえるでしょう。しかし、事前の折衝なしにいきなり願書を提出されると、その検討には時間がかかります。場合によっては、再提出や却下ということもあり得たでしょう。そうした時間と手間を省くために、あらかじめ下相談して合意をつくったうえで、正式の書面を提出するというやり方が、江戸時代には広く行なわれていました。一七日の二つの件は、その具体的な実例だったのです。こうしたやり方は、今日の政治や社会の各方面でみられる、事前の「根回し」の源流ともいえるのではないでしょうか。

こうしてこの二つの件が済んだので、伊兵衛は一〇月一七日に帰村しましたが、同月二八日にはまた出府しています。このときは、ほかの知行所村々の村役人たちと、年貢関係などもろもろの相談に時間を費やし、一一月七日にようやく帰村しました。一一月二八日には、大工の岩治郎も江戸での仕事を終えて帰ってきました。

続いて、伊兵衛は一二月五日に出府しました。このときには、二月に引き受けさせられた頼母子講への出金二〇両二分を上納して、同月七日に帰村しています。こうして、伊兵衛の安政二年は、慌ただしく過ぎていったのでした。

以上が、日記からわかる、伊兵衛の一年間の動静です。そこでは、伊兵衛が毎月のように、土屋家の御用を果たすために出府していることが目立ちます。名主の仕事は村内で完結するものではなく、大谷口村と江戸とを往復して、土屋家や知行所村々の村役人たちとさまざまな話し合いをするなかで遂行されていたのです。

・安政三年以降の動向

伊兵衛と知行所村々の百姓たちにとって、安政三年（一八五六）以降はどんな年だったでしょうか。

安政三年一月一四日に、知行所七か村は、前年の地震で倒壊した江戸屋敷の建物の再建費用として、土屋家から金一〇〇両の出金を命じられています。このとき、七か村の村役人たちは、土屋家への年始の挨拶のために江戸に来ていましたから、早速相談して翌一五日に出金を承諾しています。金一〇〇両のうち、五〇両は二月末日に、残りの五〇両は八月末日に納めることになりました。大谷口村の分担金は二〇両二分でした。大谷口村では、この金額を村民各戸に、経済力による差をつけつつ割り当てました。この金は、利息を付けて、安政三年から五か年賦で、毎年の年貢と相殺するかたちで返済されるという取り決めでした。実際、大谷口村では、安政三年から金四両余が年貢と相殺されています。

知行所村々では、土屋家からの出金要求が重なって年貢完納が困難になったため、安政二年一二月から同三年の前半にかけて、清水屋八右衛門から金一〇〇両以上を借用しています。この時点でも、知行所村々と清水屋八右衛門との関係は続いていました。

安政五年一一月には、知行所七か村が、この間七か村から土屋家に対して年貢を納め過ぎている分や、先納金の未返済分など、村々が土屋家に対して有する債権の金額を調べています。それによると、七か村の債権の総額は金一一六六両三分二朱余に及んでいます。このうち、大谷口村の有する債権は金二二三両一分三朱余でした。天保四年（一八三三）一月時点での七か村の先納金合計は

八七一両二朱余でしたから、それ以降かなり増えたことがわかります。

安政六年一月に、土屋家は、幕府をはじめ、親類の巨勢家などの武家方や、近江屋喜左衛門・永来屋久右衛門・山田屋金右衛門・成井屋昌三郎・三河屋忠八・升屋嘉兵衛・清水屋八右衛門・壺泉屋伊平次ら町人たちからの借金を抱えており、それらの借金の合計額は金二二一八両一分二朱余に及んでいました。

また、土屋家の知行所七か村に対する債務は、金一三七四両一分三朱余ありました。安政五年一一月時点よりもさらに債務が増加しているのは、安政五年一二月に安政六年分の年貢を先納させたため、それが債務に加わっているからです。これらの幕府・武家・町人・村々に対する債務の総額は、金三五九二両三分一朱余に膨らんでいました。土屋家が多額の債務を抱えて、その返済に追われる状況に変わりはなかったのです。

幕府・武家・町人・村々が、それぞれどれだけの債権を有していたか、主なものをあげてみましょう。

安政7年（＝万延元年、1860）に大熊伊兵衛が世話人になって建立した庚申塔
現在は神明神社の境内にあります。百庚申とセットで建てられました。

太田屋（おおたや）　三〇両
浅草・市右衛門（いちえもん）　二〇両
百姓
大谷口村伝左衛門（でんざえもん）　三五両
知行所村々

百庚申　安政７年に、大熊伊兵衛が大谷口村の内外から広く出金を募り、出金者が一人一基ずつ建てた庚申塔。神明神社にあり、実際の数は197基です。

幕府関係　金二〇二両余
武家
巨勢家　六八両
菅沼（すがぬま）家家臣　二九両
町人
近江屋喜左衛門　二両
永来屋久右衛門　一〇〇両
山田屋金右衛門　八四両二分
成井屋昌三郎　六五両
三河屋忠八　一〇〇両
升屋嘉兵衛　七〇〇両
清水屋八右衛門　三一〇両
壺泉屋伊平次　一七〇両

大谷口村	二九七両一分二朱余
山野下村	三五八両　三朱余
猿ケ島村	三〇五両一分余
地頭方村	一二一両三分一朱余
栗ケ沢村	一四五両一分一朱余
中野村	六〇両二分一朱余
武井村	八五両三分三朱余

ここには、前述した天保一五年（＝弘化元年、一八四四）時と同じ町人の名前がズラッと並んでいます。同年に土屋家は、彼らからかなりの借金を返済免除してもらいましたが、残りの分の返済が滞っており、さらに新たな借金も生じていることがわかります。

なお、このあとも、元治（げんじ）元年（一八六四）一月に、知行所七か村は清水屋八右衛門から、三件合計金一三三両を借りています。土屋家は知行所七か村に頼り、知行所七か村は江戸の町人に頼るという構造は幕末まで変わらなかったのです。

・再度の財政改革

このように、安政五年（一八五八）一一月以降、知行所村々で土屋家の債務状況を確認した結果、いよいよ計画的な財政改革が不可避だということがはっきりしました。そこで、安政六年一月に、知行所七か村から提案し、土屋家の了解を得て、次のような改革方針が決定されました。

① 改革期間は、安政六年から五年間とする。

② 改革期間中は、知行所七か村からの年貢のうち、金二〇七両と飯米（土屋家で食べる米）を、月割りで土屋家に渡す。

③ 年貢のうち、②の残額はすべて土屋家の借金の返済に充てる。

この改革方針決定に続いて、文久二年（一八六二）一月には、土屋家から知行所村々に、次のような内容の「下知」（命令）が出されました。

① 文久元、二両年の知行所村々からの年貢過納分（納め過ぎの分）については、無利息で年賦返済する。

② 土屋家でも厳しく財政改革をするので、知行所村々の百姓たちは、全員が毎月一人につき縄一房ずつを五年間土屋家に差し出して、土屋家の財政を助ける。

③ これまでは、知行所村々にある神社仏閣に、土屋家からお供え米を下げ渡していたが、以後五年間はその量を半減する。

④ これまで土屋家から知行所村々の村役人に渡していた給米（給料として下付する米）や、村での土木工事で働いた村人たちに下付していた手当の米は、今年（文久二年）から五年

間は廃止する。

以上の内容を申し渡すに当たって、土屋家側は、「これらは村々にとっては迷惑な内容だということはわかっているが、当家（土屋家）で五年間厳しく家計を切り詰めるのに合わせて、やむを得ず言い渡すものである。小前（一般の百姓）たちへは、村役人からよくよく言い聞かせてほしい」と述べています。土屋家側でも、これが百姓たちに負担を強いるものであることはわかっており、だからこそ自らの倹約姿勢を強調するとともに、村役人の小前たちへの説諭に期待しているのです。

「下知」の①は、土屋家から村々への債務の返済条件を定めたもので、土屋家が返済しやすいかたちになっています。②は百姓たちに新たに縄を納めさせるわけですから、百姓たちには負担増になります。土屋家では、百姓たちが納めた縄を売った代金を、自家の財政収入に繰り入れるわけです。③と④は、土屋家がそれまで行なってきた米の下付を減額ないしは廃止するものであり、その分を村側で補塡するとなると百姓たちの負担は増えます。

③にあるように、土屋家は知行所村々にある寺社へのお供え米を、村々に下付していました。実際には、お供え米の分を、村々が納めるべき年貢から控除していたのです。そうすることで、土屋家も村人たちが信仰する寺社をともに信仰していることを示し、それによって村人たちとの精神的一体感をつくり出そうとしたのです。村人たちとの心の距離の近さをアピールする統治技術ともいえるでしょう。

④は、村役人の給米の廃止です。村役人は、村人たちの代表であるとともに、領主の政策の執行

者でもあるという二重の性格をもっていました。そうした二重性に対応して、村と領主の双方から給与をもらっていました。それを、今回、領主からの給与を五年間に限って廃止するというのです。合わせて、村における土木工事への補助も廃止されています。

このように、百姓たちに新たな負担を求める内容の「下知」でしたが、知行所村々の名主たちはこれを受け入れています。それは、彼らが、土屋家の財政改革に協力することがひいては村々の負担軽減につながることを理解していたからでしょうが、それだけではありません。実は、この「下知」はいきなり出されたのではありませんでした。

「下知」が出される前の一月一九日に、土屋家への年始の挨拶のために江戸に来ていた知行所七か村の名主たちが相談して、上記①から④の内容を土屋家に提案していたのです。名主たちの提案の前提には土屋家からの要請があった可能性もありますが、いずれにしても、名主たちが相談のうえで、百姓たちが受け入れ可能な具体的内容を提案したことは間違いありません。名主たちは、土屋家が決めた負担増を一方的に押し付けられたのではなく、むしろ逆に、自分たちが受け入れ可能な内容を土屋家に提言していたのです。ここに、名主たちの主体性をみることができます。

この事例のように、出された文書だけをみると領主からの命令にみえるものでも、内実は百姓たちの事前の了解のもとに出されたものが少なくなかったのです。それが、江戸時代の領主（武士）と百姓の関係の実態でした。百姓たちは、領主の言いなりになってはいませんでした。

・明治になっても問題は続く

このように、知行所村々の百姓たちの意向をある程度取り入れることによって、土屋家と百姓たちとの関係は破綻することなく、江戸時代の終わりまで続きました。しかし、一方で、土屋家の財政は最後まで健全化せず、村々の土屋家に対する債務も完済されることはありませんでした。その最終的な状況を、栗ケ沢村についてみてみましょう（大谷口村については残念ながら史料が残っていません）。

慶応三年（一八六七）の江戸幕府の倒壊によって、幕府の直属家臣である旗本の多くは、翌明治元年（一八六八）にその知行地を収公されました。土屋家も、例外ではありませんでした。明治元年時点で、知行所村々は土屋家に対して年貢の納め過ぎ（先納分）があり、それは土屋家の債務として、利息を付けて返済されるべきものでした。

ところが、明治元年一二月に、土屋家は、もはや知行地を収公されて領主ではなくなってしまった以上、これまでの債務は返済しないと、知行所村々に通告してきました。栗ケ沢村の場合は、元金一六〇両、利息金一四〇両の債権があったのですが、それらがすべて帳消しにされてしまったのです。それでも、知行地の収公は、土屋家の責任ではなく、幕府の倒壊という大きな歴史の変動の一環である以上、村々の側も土屋家の債務破棄を受け入れざるを得ませんでした。

しかし、まだ問題がありました。栗ケ沢村から納め過ぎていた年貢（先納分）は、名主の吉兵衛（明治元年当時の名主吉兵衛の先代）が立て替えて納めていたのです。村請制のもとでは、村内に年貢を納められない百姓がいた場合には、名主（この場合は吉兵衛）がその分を立て替えてでも、とにかく村に賦課された年貢を全額納める必要がありました。その立替分は、立て替えてもらった百姓にとっては、吉兵衛からの借金になります。ですから、吉兵衛に年貢を立て替えてもらっていた百姓たちは、それを吉兵衛に返済しなければなりませんでした。土屋家が債務破棄をしても、百姓たちの吉兵衛に対する債務は帳消しにはならなかったのです。

しかし、彼らは、年貢を立て替えてもらうくらいですから、けっしてゆとりのある暮らしをしていたわけではありません。返済困難な者が多かったというのが実情でした。そこで、栗ケ沢村の土屋家知行所の百姓一一戸のうち七戸（うち一戸は寺）は、明治元年一二月に、名主吉兵衛に願って、何とか返済を末永く猶予してもらうことができました。七戸の百姓たちは、経営が好転したときに返済すればよいことになったのです。

・伊兵衛、大坂へ行く

話は、少し遡ります。幕末の激動の政局のなかで、長州藩（萩藩）では元治元年（一八六四）一二月から翌慶応元年（一八六五）二月にかけて内戦が起こり、高杉晋作（たかすぎしんさく）や桂小五郎（かつらこごろう）（木戸孝允（きどたかよし））らが主導する一派が勝利して藩権力を掌握しました。そして、彼らは、武力を強化しつつ、幕府に対しては独立の姿勢を明確にしました。これに対して、幕府は、長州藩を軍事的に屈服させることを決意し、将軍徳川家茂（いえもち）は慶応元年五月に江戸を出て大坂（明治になって大阪と改称）に向かいました。旗本は幕府直属の軍事力ですから、旗本である土屋家の当主・馬之丞（うまのじょう）も将軍に従って大坂に行くことになりました。そして、文久元年（一八六一）から正式に土屋馬之丞の家臣となっていた

大熊家の敷地内にある稲荷大明神

大熊伊兵衛は、馬之丞に同行することになったのです。

百姓が武士身分になって従軍までするというのは、一見奇妙に思えます。しかし、平常時から、旗本の家臣のなかには、百姓から登用された者たちが普通に交じっていたのです。旗本が知行所村々を円滑に統治するには、村々の事情に精通した家臣が必要です。そして、知行所村々の事情を一番よく知っているのは、村々に住んでいる当の百姓たちでした。そこで、旗本側は、知行所村々の名主などを家臣に登用して、村々との対応を彼らに任せたのです。登用された名主の側からすれば、それまでは百姓たちの代表として領主に対していたのが、今度は一転して領主の家臣として百姓たちに向き合うことになったわけです。

このように、百姓から武士への身分移動は、江戸時代においては広く行なわれていました。大熊伊兵衛も、その一例なのです。江戸時代は身分制の社会ですから、武士と百姓は身分的に明確に区別されていましたが、個々の人に注目すると、身分の変更は可能だったのです。身分間の移動を認める柔軟性が、かえって身分制を持続させる強みになっていました。柔構造は、一見弱そうですが実は強靭なのです。

話を、大熊伊兵衛に戻しましょう。彼は、土屋馬之丞に従って、慶応元年五月一六日に江戸を出立しました。伊兵衛のほかに、それまで地頭方村の名主だった仙左衛門が土屋家の家来・脇谷仙左衛門という武士身分になって、馬之丞に従っています。猿ケ島村の百姓菊五郎も、土屋家の中間（武家奉公人）として従軍しています。ただし、仙左衛門は伊兵衛同様武士身分に昇格しましたが、菊五郎は武士になったわけではありません。伊兵衛や仙左衛門が戦闘員だったのに対して、菊五郎は後方支援要員でした。

馬之丞たちは、東海道を西に向かいました。伊兵衛は、道中では行軍の列に加わって歩き、宿泊地では交替で勤番（警備）の仕事についています。閏五月二二日に一行は京都に着き、将軍家茂は二条城に入りました。馬之丞は城内で警備に当たり、伊兵衛は町家に泊まっています。閏五月二五日には、無事大坂に到着しました。伊兵衛は、閏五月二七日に、養子の友治郎や江戸に残った土屋家の家臣たちに初めて手紙を送っています。そのなかで、「これまでにも手紙を出したかったのですが、朝は早く出発し、夕方は遅くなって宿に着くので、疲れてしまって手紙を出せませんでした。道中は殊の外骨が折れましたが、無事に勤めています」と書いています。なかなか大変な道中だったことがわかります。

閏五月二八日には、朝早くから土屋馬之丞が、初めて大坂城に登城したので、伊兵衛も随行しました。伊兵衛はいったん宿に戻り、正午頃には馬之丞の弁当を届けにまた登城しました。そして、伊兵衛は、午後三時頃に、城から戻る予定の馬之丞を迎えに行きましたが、急に予定が変わって、馬之丞は同日の夜、大坂城に泊まることになりました。そこで、伊兵衛はまた戻って、夕食の弁当を届けにあらためて登城しました。この日、彼は、合わせて四回大坂城まで往復したわけです。

将軍家茂は慶応元年閏五月に大坂城に入ったものの、長州藩との戦争には反対の大名が多かったため、なかなか開戦に踏み切れず、慶応二年に入ってもずっと大坂に滞在し続けていました。そのため、土屋馬之丞と大熊伊兵衛も大坂に滞在したままでした。伊兵衛は、六月五日に、講武所で軍事訓練を受けています。一方、伊兵衛とともに馬之丞に従って大坂まで行った地頭方村の脇谷仙左衛門は、帰国を許されて、慶応二年三月下旬に江戸に帰り着きました。

大勝院にある第10代大熊伊兵衛の墓

慶応二年六月には、ついに幕府と長州藩の間で戦争が始まりました。中国地方が戦場になりましたが、士気さかんな長州軍に対して幕府軍は敗北を重ねました。そうしたなかで、慶応二年七月に、将軍徳川家茂が大坂城内で死去したのです。同月に徳川家を継いだ徳川慶喜（よしのぶ）は、九月に長州藩と停戦協定を結び、幕府軍は中国地方から撤退しました。そして、

大勝院にある大熊家墓所　江戸時代の歴代当主夫妻の墓碑が並んでいます。

慶応二年一二月に徳川慶喜が第一五代将軍になり、慶応三年には慶喜と幕府軍は江戸に引き返すことになりました。

・京都を経て、やっと村に戻る

その間、馬之丞や伊兵衛は前線に投入されることなく大坂に留まり続け、慶応二年九月の幕府軍の撤兵にともなって大坂から京都に移りました。九月二二日に、伊兵衛は公家の白川家を訪問して、大熊家の氏神（自家の守り神）・稲荷大明神に神位をいただきたいと願い出ました。白川家は、江戸時代には吉田家と並んで、全国の神社・神職を統括していました。

この願いは聞き届けられて、「正一位南大熊稲荷大明神」という神号をいただくことができました。その際、いくばくかの金銭を支払ったものと思われます。伊兵衛としては、ただの「お稲荷さん」よりも「正一位南大熊稲荷大明神」のほうが、権威が上がると思ったのでしょう。これも、信仰心の一つの表れ方です。

伊兵衛は、このことを九月二五日に、大谷口村にいる養子の友治郎に手紙で知らせていますが、その中で「この件は他言無用」と念を押しています。

土屋馬之丞と伊兵衛は、京都に駐留したまま慶応三年を迎えました。そして、慶応三年二月一二日に、ようやく京都を発って東海道を江戸へと向かったのです。行きの道中は戦に赴(おもむ)くという緊張感がありましたが、それに比べると帰りは気楽なものです。伊兵衛には、将軍慶喜や重臣たちと違って、幕府の今後について思い悩む必要もありません。そのため、伊兵衛が記した帰路の道中日記には、道中各所の名物や、神社仏閣への参拝の記載がみられます。名物については、買ったり食べたりしたのでしょう。そのいくつかをあげてみます（地名・名物の名・神社仏閣名は日記の記載に従っています）。

	地名	名物	参拝した神社仏閣
二月一二日	大津	笄(こうがい)・大津絵	石山寺(いしやまでら)
	草津	「目利安(めりやす)もち」・姥(うば)が餅	
一三日	石部(いしべ)	石部焼物	三上(みかみ)大明神・妙見宮(みょうけんぐう)
	水口(みなくち)	水口笠	
一四日	関	火縄(ひなわ)・関(せき)の戸餅(ともち)	関地蔵尊(じぞうそん)
一五日	亀山	酒・豆腐	
	桑名(くわな)	ハマグリ	
一六日			熱田明神(あつたみょうじん)
一七日	有松(ありまつ)	有松絞り	

一九日　浜松　　　　観音
二四日　江尻(えじり)　清見寺(せいけんじ)
二六日　箱根　　　　箱根権現(ごんげん)
二八日　　　　　　　江の島・鎌倉

こうした道中を経て、一行は、二月二九日に無事土屋家の江戸屋敷に入りました。

・戊辰(ぼしん)戦争のなかで

慶応三年（一八六七）一〇月に、将軍徳川慶喜は朝廷に大政(たいせい)を奉還(ほうかん)し、ここに幕府の全国統治は終わりを告げました。翌慶応四年（＝明治元年）一月には、旧幕府軍と薩摩・長州両藩を中心とする新政府軍（官軍）との間で鳥羽(とば)・伏見(ふしみ)の戦いが勃発し、ここに戊辰戦争が開始されました。鳥羽・伏見の戦いに勝利した新政府軍は江戸を目指して進撃し、慶応四年四月には江戸城を接収しました。しかし、これで戦乱が終結したわけではなく、以後も東北地方などで戦闘が続きました。

大谷口村とその周辺も、戊辰戦争下の混乱と無関係ではいられませんでした。慶応四年二月二八日に、大谷口村に近い流山宿(ながれやましゅく)（現千葉県流山市）に水戸藩の浪人三人がやってきました。それを見て、流山宿の人々は銘々竹槍や脇指(わきざし)を持って浪人たちに立ち向かいました。多勢(たぜい)に無勢(ぶぜい)で敵(かな)わないと思った浪人たちは逃げ出しましたが、二人は捕縛され、一人は竹槍で突き殺されてしまいました。

慶応四年四月二日には、流山宿に、近藤勇(こんどういさみ)を首領とする新選組(しんせんぐみ)の隊士ら約二〇〇人がやってきました。翌三日に、新政府軍が流山宿を包囲したため、四月六日に隊士たちは投降したり、会津(あいづ)に向けて逃走したりしました。その混乱のなかで、古ケ崎村（現松戸市）の百姓清兵衛の倅が鉄砲で撃ち殺されています。

同年四月一一日に、新政府軍によって江戸城が接収されましたが、新政府に従うことを潔しとしない旧幕臣たちは江戸を脱出して抵抗を続けました。そのうちの一隊が、四月一三日の夕方に大谷口村にやって来て、同村の寺院・大勝院に泊まりたいと申し入れました。村側では、宿泊自体は承諾しましたが（断れなかったのでしょう）、多人数のため全員が大勝院に泊まるのは無理でした。旧幕臣側は自分たちの人数を約二〇〇人と言っていましたが、実際には四〇〇人近くいたのです。そこで、村側では、次のように宿割りを行ないました。

大勝院	二〇〇余人
東光院	七四人
名主伝左衛門宅	二三人
年寄八蔵宅	二五人
組頭五右衛門宅	四六人
百姓紋蔵宅	一六人

このほかにも、一行は八軒の村民の家に分宿しました。旧幕府軍は四月一五日の夕方まで大谷口村に滞在し、同夜、布施村に向かって出発していきました。その間、大勝院と東光院に泊まった者たちの食事や寝具等の世話は伊兵衛と安右衛門が担当し、百姓家に泊まった者の世話はその家の者が引き受けています。伊兵衛と安右衛門は、自宅にも旧幕臣たちを泊めました。突然の旧幕府軍の

駐留に、大谷口村の村人たちはさぞ苦労したことでしょう。村で戦闘が起こらなかったのが、せめてもの幸いでした。

おわりに

ここまで読んでこられた皆さんは、本書で描かれた領主（武士）と百姓の関係に意外な感をもたれたのではないでしょうか。常識的には、武士は武力によって百姓を支配し、有無を言わさず年貢を搾り取る支配者であり、百姓は武士に頭が上がらず、年貢の重圧に苦しめられて貧しい生活を送っていたものと思われがちです。

しかし、本書に登場した百姓たちは、そうした常識的なイメージとは異なっています。彼らは、武士に対して敢然と自己主張するばかりか、領主の財政を管理し、武士に俸給を渡していた時期もありました。これが、江戸時代の現実だったのです。

ただ、そうだとすると、疑問も湧いてきます。百姓たちはそんなにたくましかったのに、なぜ領主のために多額の御用金や先納金を負担し続けたのか、自己主張はしても、なぜ領主の権威を否定しなかったのか、という疑問です。この「おわりに」では、その点について大谷口村と土屋家の事例に即して考えてみましょう。

土屋家は一一四九石余の小規模な領主でしたが、同家は幕府の旗本でした。幕府の軍事力の一翼を担うとともに、平時には幕府の政治機構の一員（幕府の官僚）として職務に当たっていました。土屋家のバックには、幕府という巨大な権力が付いていたのです。また、江戸時代は身分制の社会であり、政治と軍事は武士身分が独占し、百姓は武士の下位の身分だという通念が確立していました。ですから、百姓たちは土屋家に対して自己主張はしても、同家の支配自体を否定することはなかったのです。

知行所村々を代表して、土屋家に意見を主張したのは各村の村役人たちでしたが、彼らは毎年の正月には土屋家の江戸屋敷で、土屋家当主から酒食を振る舞われていました。それ以外にも、たびたび出府して、土屋家当主や用人たちとじかに話す機会が多くありました。江戸時代は兵農分離（士農分離）の社会でしたが、武士と百姓（特に村役人）が直接話す機会は意外に多かったのです。そうした機会を通じて、百姓は領主に要求を伝えましたが、一方ではよく知る相手にはあまり強いことが言いにくいという側面もあったのです。

また、土屋家は、知行所村々にある寺院・神社に毎年寄付をしていました。村人たちが信仰する寺社を、土屋家もともに信仰しているという姿勢を見せることで、百姓たちとの一体感をつくり出そうとしたのです。そうした関係が長年続くことによって、領主と領民の間には一種の絆が生まれます。そのため、百姓たちは自己主張はしても、土屋家との絆自体を断ち切ろうとはしませんでした。批判の矛先は、須藤久三郎のような、百姓たちとの絆のない新参者の武士に対してより強く向けられたのです。

さらに、村役人たちは、土屋家から苗字を名乗ることを許されるなど、武士に準じる格式を与えられることがありました。大熊伊兵衛の場合は、単なる格式にとどまらず、正式に武士身分となり、幕末には徳川将軍に従って大坂まで遠征もしています。伊兵衛が、土屋家から下賜された裃を村人たちに披露しているように、村役人たちには武士並みの待遇を与えられることを誇りに思う意識がありました。土屋家側ではそれをうまく利用して、特権を付与することで村役人たちを味方に付け、彼らが一般の百姓たちの不満をなだめてくれることを期待したのです。

では、江戸の町人たちは、なぜ土屋家に多額の金を貸したのでしょうか。土屋家の債務はしだいに膨れ上がり、とても完済の目途は立ちませんでした。それでも、町人たちは、時には裁判に訴えながらも、土屋家との関係を完全に断つことはありませんでした。土屋家に金がないことは事実なので、町人たちも短気を起こして土屋家と決裂すれば、それまでの貸金が丸損になってしまうことはわかっていました。そこで、返済条件を緩和してでも、気長に返済を待つことにしたのです。たとえ、利息のみの支払いであっても、それがある程度続けば元金相当額は回収できることになります。町人たちはそうやって、少なくとも損はしない道を選んだのです。

以上述べたような、村役人をはじめとする百姓たちや、江戸の町人たちの動向・思惑があったために、土屋家は知行所村々や町人たちから借金を重ねつつも、最終的に破産することはありませんでした。旗本の終焉は、彼らのバックにいた幕府が倒れることによってもたらされたのです。これが、弱くて今にも倒れそうですが実はしたたかに倒れず、百姓・町人にもたれかかりながら威張っているという不思議な旗本の姿でした。

そうした土屋家のあり方は、大谷口村をはじめ知行所村々の百姓たちの動向に規定されていました。百姓たちは、土屋家を財政的に支えると同時に規制して、土屋家から課される負担を我慢できる範囲内に抑えるよう努めました。そうすることで、自らの生活と経営を守り発展させていたのです。こうした百姓と領主の、対抗しつつ依存し合う複雑・微妙な関係を、本書から読み取っていただければ、著者としてこれほど嬉しいことはありません。

著　者　渡辺尚志（わたなべ・たかし）

1957年、東京都生まれ。東京大学大学院博士課程単位取得退学。博士（文学）。松戸市立博物館長。一橋大学名誉教授。専門は日本近世史・村落史。主要著書に、『百姓の力』（角川ソフィア文庫）、『百姓たちの江戸時代』（筑摩書房〈ちくまプリマー新書〉）、『百姓たちの幕末維新』（草思社文庫）、『東西豪農の明治維新』（塙書房）、『百姓の主張』（柏書房）、『海に生きた百姓たち』（草思社文庫）、『日本近世村落論』（岩波書店）、『小金町と周辺の村々』（たけしま出版）などがある。

城跡の村の江戸時代
―大谷口村大熊家文書から読み解く―

松戸の江戸時代を知る②

2023年（令和5）11月20日　第1刷発行

著　者　渡辺　尚志
発行人　竹島いわお
発行所　たけしま出版

〒277-0005　千葉県柏市柏762　柏グリーンハイツC204
TEL／FAX　04-7167-1381
振替　00110-1-402266

印刷・製本　戸辺印刷所